POR QUE MILAGRES ACONTECEM

Outras obras publicadas sobre anjos:

Anjos: os mensageiros secretos de Deus – Billy Graham
Conectando com o anjo da guarda – Linda Georgian
Curas Angélicas – Eileen Freeman
Invocações a São Miguel Arcanjo – Dhyana
O mundo dos anjos e os Devas – Michel Coquet
Oráculos dos anjos – Stellarius
Um anjo zela por mim – Joan Wester Anderson

JOAN WESTER ANDERSON

POR QUE MILAGRES ACONTECEM

Relatos verídicos de pessoas
que testemunharam a existência
dos anjos

Tradução de
BEATRIZ PENNA

nova era

Rio de Janeiro
1999

CIP-Brasil. Catalogação-na-fonte
Sindicato Nacional dos Editores de Livros, RJ.

Anderson, Joan Wester
A561p   Por que milagres acontecem: relatos verídicos de pessoas que testemunharam a existência dos anjos / Joan Wester Anderson; tradução de Beatriz Penna. – Rio de Janeiro: Record: Nova Era, 1999.

Tradução de: Where wonders prevail
Inclui bibliografia
ISBN 85-01-05195-0

1. Anjos – Estudo de casos. 2. Milagres – Estudo de casos. 3. Testemunhos (Cristianismo). I. Título.

99-1121
                       CDD – 235.3
                       CDU – 235.3

Título original norte-americano
WHERE WONDERS PREVAIL

Copyright © 1996 by Joan Wester Anderson
Editado mediante acordo com Ballantine Publishing Group,
uma divisão da Handom House, Inc.

Agradecimentos para a United State Catholic Conference, pela permissão concedida para reproduzir trechos da *New American Bible*. Copyright © 1986, 1970 by The Confraternity of Chistian Doctrine, Washington, D.C.

Todos os direitos reservados. Proibida a reprodução, no todo ou em parte, através de quaisquer meios.

Direitos exclusivos de publicação em língua portuguesa para o Brasil adquiridos pela
DISTRIBUIDORA RECORD DE SERVIÇOS DE IMPRENSA S.A.
Rua Argentina 171 – Rio de Janeiro, RJ – 20921-380 – Tel.: 585-2000
que se reserva a propriedade literária desta tradução

Impresso no Brasil

ISBN 85-01-05195-0

PEDIDOS PELO REEMBOLSO POSTAL
Caixa Postal 23.052
Rio de Janeiro, RJ – 20922-970

Ao meu marido,
agradecendo por seu encorajamento, ajuda e
apoio durante toda a minha carreira de escritora.

"Pois mergulhei no futuro, tão longo quanto o olho humano podia ver,
E tive a visão do mundo, e de todas as maravilhas que viriam a ser."
— ALFRED LORD TENNYSON, "LOCKSKEY HALL"

Sumário

Agradecimentos 11
Prólogo 13
Introdução 17
Por Amor a Logan 29
Milagre em Mobile 39
Guardiões Invisíveis 43
Testemunha Surpresa 47
Mensageiro Vindo de Cork 52
O Que as Crianças Sabem? 59
Deus Sabe Onde Estamos 67
Criador de Sonho 72
Visão Natalina de Erin 77
Visões Celestiais 85
Absolutamente, Nada É Pequeno Demais 95
Com Amor, do Além 98
Promessa na Primeira Página 105
Companheiro Silencioso 112
Quebrando as Regras 116
Visão de Esperança 127
Salvamento em Nashville 131
Anjo Inocente 141

Por que milagres acontecem

Muitos Lugares por Onde Andar   144
Desconhecido no Fogo   157
O Manto de Maria   162
O Homem na Fotografia   169
Cura Vinda do Céu   175
Amor, de Mãe   183
A Esquadra de Deus   189
Quem Tem Feito Coisas Maravilhosas...   195
Mensagem Maravilhosa   200
Visão de Janet   206
Salva-vidas Angélico   213
Amor na Luz   217
Sentinelas Caninas   222
Sempre um Pai   226
Quando Pedimos   230
O Homem Milagroso   242
Aqueles que Esperam pelo Senhor   248
Milagre na Fonte   254
Finalmente Juntos   258
Guardiões na Selva   263
Triunfo no Céu   269
Epílogo   277
Notas   279
Bibliografia e Fontes   281
Contatos com a Autora   283

Agradecimentos

Muitas pessoas contribuem para que um livro seja escrito. Gostaria de agradecer àquelas que reservaram um tempo para entrar em contato comigo com histórias promissoras. Estão incluídos Mary Lou Douglas, de Pinson, Alabama; Louise Eldridge, de Bangor, Maine; Louise Bergstrom, de Dunedin, Flórida; Mary Spence Tryba, de Riverside, Illinois; Larry Wilhelm, da Full Gospel Businessmen's Association, em Dayton, Ohio; Lynn Grissard Fuller, de Birmingham, Alabama, e autor do *Alabama Miracles*; Bill Anderson e o departamento de notícias da WTVF-TV, em Nashville, Tennessee; e Norman Laster, apresentador do programa *Diálogo* na estação de rádio WFDU, em Fairlawn, Nova Jersey.

Sou grata pela ajuda técnica e profissional que me foi dada por George Gallup III, do Centro de Pesquisa Religiosa de Princeton, Nova Jersey; William P. Kuhn, médico pediatra, de Arlington Heights, Illinois; Mark Seiderman, do Centro Nacional de Informações Climáticas, de Asheville, Carolina do Norte; Peter J. Kreeft, professor de Filosofia da Universidade de Boston, Massachusetts; madre Angelica, da Eternal Word Television Network, Birmingham, Alabama; e Barry L. Paschal, redator editorial e ex-repórter do *The Augusta Chronicle*, Augusta, Geórgia.

As pessoas da *Guideposts Magazine*; da The Christian Broadcasting Network; da Biblioteca Asher, da Spertus College of Judaica; da Utah Power and Light Company e dos Centros para Controle de Doenças que também foram de grande auxílio, como o foram os co-autores Chuck Schiappacasse e John Ronner, que, como sempre, compartilharam generosamente os resultados de sua pesquisa.

Gostaria também de agradecer a Dick Staub, da Salem Radio Network, e a Catherine Johns, da WLS Radio, em Chicago. Eles foram as primeiras pessoas da mídia a me receberem, em 1992, e, desde então, continuam a me dar seu caloroso apoio.

Talvez os mais especiais sejam os meus leitores, que telefonam para os programas de entrevistas no rádio e na televisão, vão ao meu encontro em tardes de autógrafos e em palestras, usam os meus livros em aulas, escrevem notas elogiosas e, de muitas maneiras preciosas, encorajam-me a continuar a pesquisar e a compartilhar essas histórias.

Que os nossos olhos possam estar sempre abertos para as maravilhas que Ele nos envia.

Prólogo

*A fé, como a boa poesia, **começa com um caroço na garganta.***
— ROBERT FROST

Era uma manhã de outono em 1971, logo após nossa família ter se mudado para nossa primeira casa. As crianças estavam no andar de cima, desempacotando os caixotes, e eu, olhando pela janela para o meu pai, que andava misteriosamente pelo gramado da frente. Os meus pais moravam na vizinhança e papai já nos havia visitado diversas vezes.

— O que você está fazendo aí fora? — perguntei a ele.

Ele olhou para cima sorrindo.

— Estou preparando uma surpresa para você.

Fiquei imaginando que tipo de surpresa seria. Conhecendo meu pai, um homem cativante e quixotesco, poderia ser simplesmente qualquer coisa. Porém, papai não diria mais nada, e, presa às ocupações da nossa nova vida, eu finalmente me esqueci daquilo.

Até um dia frio no final de março, quando, mais uma vez, olhei pela janela. Melancólico. Nublado. Pequenos montes de neve suja ainda fazendo teimosamente o gramado parecer em desordem, enquanto botas e luvas úmidas se amontoavam em nossos armários. Eu sempre detestara o inverno — será que *algum dia* ele acabaria?

Contudo... seria um milagre? Sorri constrangida ao ver o que pensei ser alguma coisa cor-de-rosa sobressaindo de um monte de neve. Era um ponto azul no quintal, uma pequena nota de otimismo nesta melancólica expansão? Peguei meu casaco e saí para ver mais de perto.

Eram açafrões. Não estavam alinhados ao longo dos alicerces da casa (onde eu nunca poderia tê-los visto da janela), mas espalhados de modo extravagante por todo o gramado da frente. Lavanda, azul, amarelo e o meu rosa preferido — pequenas formas balançando sob o implacável vento, eles anunciavam a esperança que eu quase havia perdido. "Vê?", pareciam dizer. "Você sobreviveu ao longo inverno escuro. E, se perseverar um pouco mais, a vida será bela novamente."

Papai. Sorri, recordando-me dos bulbos que ele havia plantado secretamente no outono anterior. O que poderia ter sido mais perfeitamente oportuno e harmonizado com as minhas necessidades? Quão abençoada eu era, não apenas pelas flores, mas por ele.

Os açafrões do meu pai floresceram a cada primavera durante as quatro ou cinco estações seguintes, trazendo aquela mesma confiança todas as vezes que chegavam. *Os tempos difíceis quase terminaram, a luz está vindo, mantenha-se firme, mantenha-se firme...* Depois, aparentemente, os bulbos não conseguiram produzir mais. Veio uma primavera, com apenas metade das flores habituais. Na primavera seguinte, em 1979, não houve nenhuma. Senti falta dos açafrões, porém a minha vida estava mais complicada do que nunca, e eu jamais tinha sido um bom jardineiro. Pedirei a papai para vir e plantar novos bulbos, pensei. Mas nunca o fiz.

Em um dia especialmente bonito de outubro de 1985, nosso pai morreu inesperadamente. Sentimos de modo intenso e profundo, mas com tranqüilidade, porque não havia nada por terminar, nenhum arrependimento ou culpa prolongada.

Prólogo

Sempre tínhamos sido uma família cheia de fé, e nos apoiávamos nisso agora. Evidentemente, papai estava no céu. Para onde mais poderia ir uma pessoa tão querida? Ele ainda era parte de nós; na verdade, provavelmente poderia fazer mais ainda pela sua família, agora que estava bem próximo de Deus.

E se na escuridão calma do meu quarto fiquei pensando, só um pouquinho, se, com relutância, questionei o que me tinha sido ensinado porque, subitamente, a fé parecia exigir mais bravura do que eu podia reunir, se, silenciosamente, fiz eco às palavras daquele centurião de muito tempo atrás: "Eu *realmente* acredito! Ajude-me em minha falta de fé!", jamais qualquer outra pessoa soube. Sofremos. Lidamos com a nossa dor. Rimos e choramos juntos. A vida continuou.

Quatro anos se passaram, e em um dia melancólico, na primavera de 1989, encontrei-me despachando mensagens e sentindo-me deprimida. *Tolices de inverno*, falei comigo mesma. *Você tem isto todos os anos. É químico.* Talvez. Mas era alguma outra coisa também. Mais uma vez, surpreendi-me pensando em meu pai. Não era incomum — com freqüência, conversávamos sobre ele, recordando e nos deleitando com nossas lembranças. Mas agora, no carro, minha antiga preocupação veio à tona. Como ele estava? E embora detestasse ficar imaginando, *onde* ele estava? Falei com Deus da forma abreviada familiar que uso muitas vezes: *Sei, que sei, que sei. Mas o Senhor acha que poderia enviar um sinal, alguma coisa pequena, de que papai está em segurança com o Senhor?*

Imediatamente, senti-me culpada. Deus fora muito bom para mim e tinha o direito de esperar alguma coisa em retorno. Muito tempo atrás, eu havia Lhe dado meu coração e precisava entregar também este questionamento interminável. Porém, às vezes, a fé é tão difícil, pensei, enquanto atravessava nossa entrada de automóveis...

De repente, diminuí a velocidade, parei e olhei para o gramado. Pequenos montes de neve derretendo. Grama enlameada. E lá, balançando bravamente ao vento, um único açafrão rosa.

Mantenha-se firme, vá em frente, logo a luz virá... Eu sabia que não havia possibilidade alguma de uma flor brotar de um bulbo de mais de 18 anos de idade, um que não florescera em mais de uma década. Mas lá estava o açafrão, como um abraço do céu, e as lágrimas encheram os meus olhos quando percebi sua importância. Deus havia me ouvido. E Ele me amava tanto que enviara, de uma maneira ternamente pessoal, a confirmação que eu precisava. Então, não poderia haver dúvida alguma.

Além do mais, em um instante memorável, eu soube que isso era apenas uma amostra. Os olhos não tinham visto, as mentes não podiam compreender as maravilhas que Deus havia planejado para os Seus filhos e estava derramando sobre eles — não somente na eternidade, mas *aqui*, todos os dias. Precisamos apenas escutar, ver e nos apegarmos a Ele com toda a nossa força, para fazermos parte de tudo isso.

O açafrão rosa floresceu durante um único dia: 4 de abril. O dia do aniversário do meu pai.

Mas construiu minha fé por toda uma existência.

Introdução

Derramarei meu espírito sobre toda a humanidade. Seus filhos e filhas irão profetizar, seus idosos irão sonhar sonhos e os seus (filhos) terão visões. Naqueles dias, até mesmo sobre os servos e as criadas Eu derramarei meu espírito.

E farei maravilhas nos céus e na terra... Então, todo aquele que invocar o nome do SENHOR será salvo.

— JOEL 2:28-30, 32

Sinais e prodígios... tão íntimos quanto uma flor e, em outros momentos, majestosos e poderosos, mas sempre proporcionando evidência externa da realidade invisível: Deus está por perto. Embora a fé não deva nunca *depender* de tais coisas, somos místicos bem como seres físicos, e de vez em quando precisamos de um toque do sagrado para nos lembrar do nosso lar eterno.

Entretanto, muitas pessoas acreditam que os sinais e os prodígios estão ocorrendo com mais freqüência hoje em dia. Elas observam uma sutil tendência oculta de consciência e atividade celestiais, talvez as sementes de um renascimento espiritual, experimentado não somente pelos videntes mas pelas pessoas do povo. Em um relatório de junho de 1992, o Centro de Pesquisa Religiosa de Princeton descobriu que "sete entre 10 americanos dizem que sua fé mudou significativamente, com igual percentagem dizendo que ela surgiu como resultado de muita reflexão e discussão [ou] como resultado de uma forte experiência emocional".

Evidentemente, tais coisas realmente andam em ciclos. Se acompanharmos o desenvolvimento da história do Cristianismo, por exemplo, veremos que os dons carismáticos, tais como a profecia, as visões e falar idiomas, desapareceram após os primeiros séculos, dando surgimento a uma Igreja comunitária mais estruturada. Gradualmente, a humanidade mudou de uma consciência constante do divino para uma ênfase mais científica, culminando na Idade da Razão do século XVIII. Finalmente, "o sobrenatural tornou-se folclore, relegado à lata de lixo da superstição e ridicularizado", explica Michael Brown, autor de *The Trumpet of Gabriel* (A trombeta de Gabriel). "Quem precisava da luz de Deus? Agora, quando o homem queria luz, ele andava até um comutador e ligava a eletricidade."

Porém, quando chegamos a tempos mais recentes, existem indicações de que ignorar o "buraco em forma de Deus dentro de nós" (o qual, como observou o filósofo Blaise Pascal, não pode ser preenchido com nenhuma outra coisa a não ser Deus) não está funcionando. Com o aumento da criminalidade e da pobreza, a diminuição dos padrões morais, famílias em risco, promiscuidade, divisões raciais e desespero generalizado, a sociedade parecia fora de controle, em algum tipo de patamar crítico.

Muitas pessoas acreditam que foi então que começou uma reavaliação. O que estava faltando? E um Pai celestial preocupado estaria realmente enviando sinais específicos, chamados que despertam, para convencer os esquecidos e os céticos de que nossas prioridades tinham se desviado, de que era necessário "buscar *primeiro* o Reino de Deus"? Em uma experiência de quase-morte, o autor Roberts Liardon descreveu essa visão de forma bastante específica: "Disseram-me que [em um período que virá em breve] Deus derramaria seu espírito sobre *todas as pessoas*; todos nós entraríamos, de alguma maneira, em contato com o poder do Senhor. Então, as pessoas precisariam enfrentar uma escolha: se acreditam ou não e em quê acreditar. Uma onda da manifestação do poder de Deus invadiria a juventude, tanto os rapazes quanto as moças. Eles teriam visões, sonhos sobrenaturais e fariam profecias." [1]

Isto parece estar acontecendo. "Vivemos em uma época excepcional", disse o Dr. Peter Wagner, professor sobre o crescimento da Igreja no Seminário Teológico Fuller, em Pasadena, Califórnia, em 10 de abril de 1995, entrevistado pela revista *Time*. "Talvez, na Idade Média, na Europa, possa ter havido algo comparável. Porém, certamente, na história dos Estados Unidos nós nunca tínhamos visto tal freqüência de sinais e prodígios." Que a *Time* e outros grandes distribuidores da mídia estivessem dando cobertura a este assunto é indicativo da procedência da declaração de Wagner.

Evidentemente, muitas pessoas ficam hesitantes com relação a sinais e prodígios, milagres e outras experiências subjetivas, temendo que possam ser associadas a sérios erros e fraudes espirituais, ou até mesmo a práticas ocultas. Tal preocupação é necessária e devemos sempre rezar para discernirmos tais manifestações corretamente. Porém, embora sem dúvida existam falsos milagres — e falsos profetas —, estes não devem invalidar as coisas do céu. Sinais e prodígios sobrenaturais realmente parecem estar aumentando. Então, o que exatamente estamos vendo hoje em dia?

- *Vida Após a Vida*. Considere a consciência e o reconhecimento crescentes das experiências de quase-morte (EQM), reportadas pela primeira vez pelos Drs. Raymond Moody e Elisabeth Kübler-Ross na década de 1970. Embora consideradas por alguns cientistas como meras mudanças químicas no cérebro, as EQMs passaram a ser admitidas quando milhões de pessoas relataram o processo da morte como sendo uma visita a um glorioso local de Luz. Basicamente, essas testemunhas dizem que, em vez de um julgamento final, Deus permitiu que elas voltassem à Terra devido a trabalho deixado por fazer ou a responsabilidades familiares. "Então eu soube. Precisava voltar. Alguém que me amava ainda precisava de mim", escreveu a falecida Catherine Marshall, descrevendo a experiência de quase-morte da sua mãe no premiado livro *Christy*. "A luz não era para mim. Ainda não. Mas algum dia. Oh, *algum dia!*"

De modo característico, aqueles que vivenciam EQMs passam por uma renovação espiritual. Muitos também dizem que perderam seu medo da morte devido à maravilhosa confiança em que esta vida não é tudo o que existe. E seus relatos são particularmente reconfortantes para os sobreviventes que perderam pessoas queridas, especialmente sob circunstâncias difíceis. O médico Ron Kennedy, atacado em sua residência após retornar de uma viagem de negócios, descreveu uma verdadeira *parada* do mundo material (e da sua própria dor e medo), substituído por uma sensação de estar cercado por "um mar de enorme amor. Ocorreu-me que, se esta luz pudesse me aparecer... então aquelas pessoas que amamos e que morreram, talvez nas circunstâncias mais extremas, não morreram sozinhas como tememos que aconteça: morreram cercadas de grande amor e também de paz"[2].

Uma ramificação interessante da EQM é uma circunstância chamada de Consciência da Aproximação da Morte (CAM), quando pessoas moribundas parecem interagir com o céu de uma maneira visionária. Tais episódios já foram desprezados como alucinações, mas, hoje, são cada vez mais relatados tanto por leigos quanto por pessoas ligadas à área médica.

Introdução

De modo mais característico, a CAM ocorre quando uma pessoa moribunda, freqüentemente com um olhar de espanto e alegria, começa a entrar em contato, a sorrir, a acenar ou até mesmo a conversar com alguém invisível para as outras pessoas. Um homem idoso descreveu pessoas sentadas com ele em tranqüila assistência, mas explicou que não tinha permissão para contar à sua filha quem eram elas.

— Você as reconhece? — perguntou a filha.

— É claro que sim — respondeu o pai —, e a música é linda!

"Esses [acontecimentos] nos permitem ter vislumbres do que existe além da vida que conhecemos", diz Maggie Callanan, autora de *Final Gifts* (Presentes finais), um livro sobre CAM, "e nos mostram como podemos encontrar consolo nessas reuniões e mensagens."

♦ *Anjos ao Nosso Redor*. Em 1991, na minha Introdução ao *Where Angels Walk* (Onde os anjos caminham), escrevi: "Hoje em dia, os anjos não obtêm muita atenção." Eu estava errada! Embora eu ainda não soubesse disso, uma força estava se concentrando e logo iria explodir em uma imensa tendência internacional. Dela surgiram documentários de televisão, lojas especializadas em artigos angélicos, mais de 200 livros sobre o assunto e, mais encorajador, um crescente exército de testemunhas confirmando — em um mundo secular e descrente — encontros pessoais com um anjo que resultaram em crescimento espiritual, assim como aconteceu com figuras bíblicas. Voluntariamente, o piloto herói Scott O'Grady, resgatado do território inimigo na Bósnia em abril de 1995, contou à mídia a respeito de uma voz e de uma "presença protetora" que o mantiveram confiante durante aqueles dias difíceis. "Um Anjo Leva o Libertador até as Vítimas", declarava, em 26 de dezembro de 1994, uma manchete de primeira página, o que não é mais tão incomum, do *Repository* de Canton, Ohio.

Por que o interesse? Talvez, mais relevante: Por que agora? "O mundo está cheio de conflitos espirituais", disse o bispo Job da Igreja Ortodoxa Russa do Meio-Oeste da América em recente vídeo sobre anjos.[3] "Vemos isso em todos os aspectos da nossa sociedade, das ocorrências comuns... A vida tem se tornado uma completa tensão entre o bem e o mal." Ele acredita que em vez de em Deus, e no que Deus tem revelado, as pessoas estão colocando sua confiança no mundo natural, onde podem ser facilmente levadas para o mau caminho. Talvez Deus esteja enviando anjos para nos lembrar desses erros e para atrair nossa atenção, de volta aos interesses espirituais.

• *Grande Número de Testemunhas.* Além dos anjos, algumas pessoas acreditam que experimentaram contatos inesperados com entes queridos que agora estão no céu. Outrora, acontecimentos como estes eram considerados fantasias induzidas pelo pesar e eram mantidos em segredo — embora, em tese, seja possível se acreditar que Deus possa enviar um *anjo* para trazer conforto e ajuda a alguém necessitado é algo em que se acreditar. Mas enviar aquelas pessoas que agora estão vivendo na eternidade? Dificilmente.

Entretanto, com as experiências angélicas e de quase-morte alcançando credibilidade, a sociedade parece estar despertando para outras possibilidades místicas. "Uma vez que aceitamos que uma luz possa vir até nós quando morremos e que possamos interagir com aquela luz, devemos... [reconhecer] que aquela mesma luz possa interagir conosco em outros momentos durante as nossas vidas", diz Melvin Morse, médico pediatra e autor de *Final Visions* (Visões finais). Devido ao fato de a nossa cultura raramente admitir a idéia do céu e da Terra se cruzando, Morse afirma que, "de muitas maneiras... este é um conceito mais difícil de ser aceito do que o da vida após a morte".

Introdução

Contudo, São Paulo se referia ao grande "número de testemunhas" que, agora no céu, permanecem prontas para nos ajudar e tranqüilizar enquanto completamos nossa missão terrena. Por que, ocasionalmente, Deus não nos permitiria entrarmos em contato com essas pessoas?

♦ *Sonhos e Visões*. Nosso Pai sempre chegou até o Seu povo desta maneira. Na Bíblia, pelo menos 70 passagens e acontecimentos se referem a sonhos e a visões, prometidos por Deus em dias tão remotos quanto os de Moisés. "Se há um profeta entre vós, Eu me revelarei a ele em visões, em sonhos Eu lhe falarei" (Números 12:6). Aquelas pessoas com o dom de interpretar sonhos e visões eram reverenciadas e os padres da Igreja prestavam muita atenção a elas. Entretanto, à medida que a fé se tornou mais ritualizada, muitos líderes relegaram os sonhos e as visões ao mundo da superstição.

Porém, "até agora, não encontramos nada na natureza que não tenha sua função", escreveu John Sanford em *Dreams: God's Forgotten Language* (Sonhos: a linguagem esquecida de Deus). "Então, por que deveríamos dizer que, de todas as coisas criadas, só o sonho não faz nenhum sentido?" Sanford salienta que, uma vez que os sonhos não são necessariamente limitados pelo tempo e pelo espaço, ou por barreiras que a humanidade ergue deliberadamente, esta é uma maneira natural de Deus chegar até nós.

As visões são uma outra maneira. Quem pode fazer vista grossa ao dramático aumento das aparições relatadas de Maria, a Mãe de Jesus (quase 200 novas visões constatadas apenas nos poucos últimos anos), e de fenômenos relatados, como estátuas que choram, ou se movem, sóis giratórios, e outras ocorrências? E "Os católicos não são os únicos videntes", observou Robert Ellwood, professor de

Religião Comparada na Universidade do Sul da Califórnia, no *Los Angeles Times* (13 de julho de 1994). "Os protestantes têm visões de anjos ou de Jesus; os hindus, visões de Krishna..." Desde 1990, relatos de acontecimentos semelhantes têm chegado do Iraque, da Síria, de Israel, da Coréia, da Índia e do Líbano; narrativas de aparições envolvendo antigos muçulmanos vieram à tona no Quênia, enquanto no Nepal muitos hindus relataram estar vendo no céu a imagem de um homem crucificado. Uma igreja ortodoxa grega em Chicago, típica de muitos locais como este, contém uma pintura que em 1986 verteu lágrimas durante sete meses e atraiu mais de quatro milhões de visitantes, incluindo cientistas e representantes do Smithsonian Institute. Testemunhas da ocorrência relataram muitas curas físicas e emocionais.

Embora, no final, muitos desses acontecimentos tenham sido classificados como fraudulentos, ou explicáveis por meios naturais — e os líderes da Igreja mantenham um saudável ceticismo com relação à maioria dos outros —, é óbvio que o número absoluto de tais relatos está aumentando. Por quê? As mensagens (quando fornecidas) são notavelmente semelhantes: Deus está recomendando o arrependimento, derramando Sua misericórdia sobre o mundo inteiro e chamando Seus filhos para o Seu lado. Os especialistas dizem que não é o fenômeno em si o que importa, mas o que ele significa e para onde conduz.

• *Mudanças na Natureza*. Seis das 10 calamidades mais dispendiosas da história dos Estados Unidos ocorreram desde 1989 (quatro desde 1992), incluindo o terremoto de Los Angeles, o furacão Andrew e as enchentes do rio Mississippi em 1993, que inundaram uma área do tamanho da Suíça. Em 1993 foram registrados 1.167 tornados nos Estados Unidos; 1995 foi a estação de furacões mais ativa da

Introdução

Costa Leste em mais de 40 anos. No início de 1996, diversas áreas do país suportaram nevascas e inundações. As secas parecem estar aumentando tanto em quantidade quanto em intensidade. Será que tudo isto tem um significado espiritual? Será que tais fenômenos estão cumprindo profecias de tempos antigos?

Sabemos que um Pai amoroso não *enviaria* deliberadamente tal devastação, assim como pais humanos não infligiriam intencionalmente dor à sua prole. Porém, adultos sábios realmente permitem que seus filhos experimentem os resultados do seu comportamento como instrumento de aprendizagem. Deus não poderia estar agora simplesmente erguendo a mão protetora que manteve sobre nós durante tanto tempo como uma demonstração do que *poderia* acontecer se continuarmos a ignorá-Lo? "Quando a humanidade rejeita Deus, também está rejeitando a força que une o universo e mantém todas as coisas longe do caos", acredita o autor Michael Brown. "Porém, como em Sodoma e Gomorra, as advertências de Deus são quase sempre condicionais. Elas descrevem o que irá acontecer *se* persistirem as atuais circunstâncias."

É fácil perceber o lado negativo da natureza fora de controle. Mas considere um aspecto interessante: em muitas calamidades recentes, tem havido destruição à *propriedade*, mas um número de mortos e feridos menor do que o esperado. Fazendo um levantamento dos destroços enfumaçados dos incêndios de Oakland, Califórnia, um proprietário concluiu: "Subitamente compreendi que tudo o que o *homem* havia feito tinha ido embora. No entanto, tudo o que Deus havia feito — nossa fé, nosso espírito, o amor e o apoio que nos cercaram de todos os lados, até mesmo as pequenas flores que bravamente se erguiam por entre as cinzas —, tudo isto ainda estava aqui." Para esse homem, o incêndio tinha se tornado uma bênção, na medida em que ele reavaliou sua vida e suas prioridades.

Em outras ocasiões, pessoas consideraram a aproximação de tempestades ou inundações como intensificadora da fé, rezando fervorosamente para que Deus pusesse um círculo protetor ao redor de sua casa ou fazenda. Existem muitas histórias de furacões que mudam de curso de repente ou de colheitas que não perecem apesar de temperaturas glaciais. Coincidências? Talvez. Ou talvez elas também sejam apenas parte dos sinais que Deus está nos revelando hoje em dia.

• *O Poder da Oração*. Anos atrás podemos ter admitido que os milagres eram possíveis, mas concedidos apenas em santuários distantes ou a umas poucas pessoas ungidas, certamente não a pessoas comuns como nós. Hoje, estamos aprendendo que uma filosofia como esta é limitada demais. "Mantive-me à disposição das pessoas que não me consultavam", recorda-nos Deus no livro de Isaías (65:1). "Eis-me aqui! Eis-me aqui! dizia eu a um povo que não invocava o meu nome." O nosso Pai quer que nós peçamos, até mesmo com atrevimento, aquilo que necessitamos, porque pedir é um sinal de que compreendemos nosso relacionamento com Ele.

Sobre este assunto já foi feita mais de uma centena de experimentos científicos, demonstrando que a oração realmente provoca significativas mudanças, especialmente quando usada em curas físicas e emocionais. "Se a técnica que se estudava tivesse sido um novo medicamento ou um novo procedimento cirúrgico, em vez da oração, teria sido anunciada como uma espécie de abertura", observa o Dr. Larry Dossey, autor do *Healing Words* (Palavras que curam).

"Minha sensação é que o fenômeno da cura é a próxima fase da espiritualidade judaica", acrescenta o rabino Michael Swarttz, diretor-executivo do Camp Ramah, um centro judaico de cura em Palmer, Massachusetts. "Isto envolve pessoas que estão buscando e procurando maneiras de entrar em contato com Deus."

Esta é a razão pela qual, hoje, as pessoas rezam rotineiramente pelos que estão doentes, pedem a Deus pela multiplicação dos milagres e até mesmo que assuma o controle sobre a natureza. Por esse motivo o número de membros em comunidades de louvor, em grupos de oração e em outras formas de adoração mais ativas e dinâmicas está crescendo Por isso algumas crianças — consideradas, em muitas culturas, como tendo uma ligação especial com o sagrado — parecem ter uma sabedoria espiritual acima da sua idade, exatamente como previu o Livro de Joel. Eis por que os milagres parecem estar acontecendo com maior freqüência do que nunca antes.

E é a razão por pessoas de idades e crenças diversas estarem dispostas a compartilhar seus próprios vislumbres do céu nas páginas a seguir (o símbolo ★ denota um nome modificado). Embora alguns desses acontecimentos tenham ocorrido anos atrás, a maioria se refere a ocorrências recentes, oferecendo uma evidência tranqüilizadora de que Deus não abandonou Seu povo. Ao contrário, Ele continua a nos chamar — com pequenos sinais ou prodígios espantosos — todos os dias das nossas vidas.

Por Amor a Logan

Respondeu-lhes Jesus: "Ide e contai a João o que ouvistes e o que vistes: os cegos vêem, os coxos andam, os leprosos são limpos, os surdos ouvem, os mortos ressuscitam..."

— MATEUS 11:4-5

Tami Carroll cresceu em uma pequena cidade de Indiana. Em 1986, logo após concluir a escola secundária, casou-se e teve seu primeiro bebê, Jaclyn, poucos anos depois.

— Foram uma gravidez e um parto rotineiros, sem problema algum — recorda-se Tami.

Ela e o marido, Todd, estabeleceram-se em sua fazenda, desfrutando uma vida tranqüila, a paternidade, e planejando uma família maior. Não havia nenhum aviso do que estava por vir.

Em 1993, Tami engravidou novamente. Tudo parecia normal, até o sexto mês, quando uma ultra-sonografia revelou problemas. A obstetra de Tami, a Dra. Diana Okon, deu a notícia com delicadeza.

— O bebê possuía anormalidades nos cromossomas, proveniente de uma condição que é sempre fatal — disse a Dra. Okon.

A criança, uma menina, morreria ou nos meses seguintes ou logo após o nascimento.

Tami e Todd ficaram inconsoláveis. Deram à sua filha ainda não nascida o nome de Megan e tinham a esperança de que ela soubesse o quanto eles a amavam. Finalmente, Tami deu à luz, mas havia pouco para celebrar, porque o bebê Megan nasceu morto.

— Minha mãe tinha morrido quando eu estava com 20 anos — disse Tami —, e na época achei que não poderia haver dor maior do que se perder a mãe. Mas, agora, eu tinha que admitir que a dor de perder um filho era ainda pior.

Também era difícil a semente da dúvida que fora plantada. Isso poderia acontecer novamente — os Carroll teriam alguma espécie de deficiência genética? Pior, e se Megan fosse o último filho que eles poderiam conceber?

Entretanto os exames de Tami e de Todd não revelaram nada de errado, e finalmente Tami engravidou mais uma vez. Mas agora ela estava nervosa, temia encher-se de esperanças. Além disto, embora Tami tivesse sido educada como uma sulista batista, durante anos não tinha ido à igreja.

— Por diversas razões, eu tinha, de certa maneira, desistido de Deus — admite ela. Às vezes, sentia que, mesmo que Ele estivesse me escutando, provavelmente não se preocuparia.

Porém, gradualmente, enquanto a gravidez progredia, Tami se descobriu conversando com seu Pai Celestial. "Deus, por favor, dê-me um bebê saudável", pedia ela todos os dias, com a morte de Megan ainda bem presente em sua mente. Mesmo que ela e Deus não tivessem estado próximos durante certo tempo, Ele certamente não lhe pediria para passar por uma outra perda como aquela, pediria?

O tempo passou, e apesar da sua preocupação, Tami não teve problema algum. A Dra. Okon a monitorou cuidadosamente, fazendo um exame dos cromossomas, bem como ultra-sonografias extras. O bebê — um menino a quem os Carroll já tinham dado o nome de Logan — parecia sadio e completamente normal.

Tami estava esperando o bebê para o dia 9 de abril de 1995. Porém, no dia 5 de abril, quando ela foi ao consultório para fazer o exame geral programado, a Dra. Okon decidiu hospitalizá-la no início da manhã seguinte.

— Acho que ela sabia que eu estava preocupada e que, para mim, poderia ser melhor ter um parto induzido em um local adequado — explica Tami.

Na manhã seguinte, dirigiram-se para o Clark Memorial Hospital, na cidade vizinha, Jeffersonville. Tami foi admitida, o trabalho de parto começou, e tudo parecia bem. O bebê Logan estava sendo monitorado de perto, e o coração dele estava sadio e forte. Todd e Ruthie, irmã de Tami, estavam com ela, e enquanto as coisas progrediam, os avós se reuniram na sala de espera. Seria um acontecimento alegre — não como da última vez, todos asseguravam uns aos outros. Nova vida estava germinando. Logan estava quase aqui!

No final da tarde, a Dra. Okon tinha feito o parto de dois outros bebês e estava tão pronta quanto Tami para conhecer o pequeno Logan. Com as contrações fortes e saudáveis, Tami foi levada para a sala de parto. Agora, estava quase no fim, e enquanto as enfermeiras a estimulavam, ela empurrava e empurrava.

— Mais uma vez! — gritou uma enfermeira.

— Ele está quase aqui!

Tami empurrou novamente. Porém, de repente, o ritmo do coração de Logan havia diminuído. E às 4h 42min, quando a Dra. Okon o tirou do útero, não havia absolutamente qualquer batimento cardíaco. "Em volta do pescoço da criança havia um cordão umbilical frouxo que se desenrolou facilmente... A boca e o nariz [dele] foram aspirados e o fluido estava claro", escreveu a Dra. Okon em um registro posterior. Mas, na escala Apgar — o teste que determina a saúde do recém-nascido —, o bebê recebeu zero. Ele não estava respirando.

— Acione o código — falou rapidamente a Dra. Okon a uma enfermeira enquanto carregava a criança sem vida para o aquecimento do outro lado da sala e lhe dava oxigênio.

— Vamos lá, Logan! — murmurou ela. — Acorde...

Uma outra enfermeira começou a fazer compressões no peito.

Não houve nenhum choro, batimento cardíaco ou pulsação. Os olhos do bebê permaneceram fechados, os membros flácidos, e sua cor era de um cinza doentio.

— Logan? — perguntou Tami. — Todd, por que ele não está chorando?

Todd estava em estado de choque, observando as enfermeiras correndo de um lado para o outro. Ninguém falava nada, e o silêncio era terrível. *Logan, Logan, por favor, chore...* Ruthie percebeu que alguma coisa terrível estava acontecendo e saiu apressadamente da sala.

Dentro de segundos, pareceu, um médico da sala de emergência entrou correndo, seguido pela pediatra de Tami, que havia sido convocada no seu consultório, que ficava próximo. Uma das enfermeiras telefonou para o Hospital Infantil Kosair, na cidade vizinha de Louisville, no Kentucky, que tinha uma unidade neonatal e especialistas disponíveis. Um terapeuta respiratório passou por Tami, depois um técnico em raios X.

— O que está acontecendo? — gritou Tami, começando a soluçar.

Lágrimas escorriam pelas faces de Todd.

Uma enfermeira tentou consolá-los.

— Ainda não sabemos de nada — sussurrou ela.

Isto não podia estar acontecendo, não novamente. Ela não podia perder um outro filho... *Logan, por favor, respire.*

A Dra. Okon veio para o lado de Tami para terminar o processo do parto. Explicou delicadamente que os especialistas haviam intubado o bebê e estavam forçando a entrada do ar nos pulmões dele. Alguém injetara medicação, uma outra pessoa estava tirando chapas de raios X, tudo o que era possível, estava sendo feito... Para Tami, era um terrível pesadelo. Ela pensava que tudo estava sob controle e, agora, percebia que nada estava. Agora, só Deus poderia ajudar Logan.

— Querido Deus — ela sussurrou entre lágrimas —, por favor, não faça isso. Não acho que eu possa lidar com isso. Por favor, salve o Logan, por favor.

A equipe médica continuava a trabalhar sobre o bebê.

— Mas Logan não demonstrava quaisquer sinais de vida, nem reagia a quaisquer esforços feitos pela equipe com avançados instrumentos de apoio cardíaco à vida — disse a Dra. Okon.

— Às 5h15min, 35 minutos após o parto, os especialistas neonatais do Kosair e a equipe do Clarke Hospital concordaram em suspender todos os esforços de ressuscitamento. Logan foi declarado morto.

Discretamente, uma enfermeira batizou Logan. Uma outra o pesou — aproximadamente três quilos e setecentos e cinqüenta gramas —, limpou-o, envolveu-o em mantas quentes, pôs um pequeno gorro de malha em sua cabeça escura e o aninhou nos braços de Tami, para uma última despedida. Ela o segurou apertado, sondando seu rostinho perfeito.

— Logan, não vá embora... eu preciso de você — ela sussurrou.

Mas os olhos do seu filho estavam fechados, o corpo, completamente flácido. *Querido Deus, por favor...* Ela precisava deixar ir, aceitar o inevitável, mas, de algum modo, não conseguia parar de rezar.

A Dra. Okon e a pediatra permaneceram perto do leito de Tami; as outras pessoas tinham deixado a sala de parto.

— Tami, não sabemos o que aconteceu — disse a Dra. Okon. — Não teremos nenhuma resposta, a não ser que façamos uma autópsia.

Tami respondeu semicerrando os olhos cheios de lágrimas. Talvez uma autópsia pudesse salvar uma outra família do sofrimento que ela estava suportando.

— Está bem — concordou — mas quero segurá-lo por uns instantes.

— Claro.

Alguém trouxe um formulário de consentimento, e, ainda segurando Logan, Tami o preencheu e assinou. A Dra. Okon deixou a sala para dar a notícia aos parentes dos Carroll na sala de espera. Logo eles entraram correndo, murmurando palavras de encorajamento, juntando suas lágrimas às de Tami e de Todd.

Todd abraçou Logan, e depois passou-o para Ruthie. A enfermeira tirou algumas fotografias. De vez em quando, o corpo do bebê se movimentava ligeiramente, e da primeira vez que isto aconteceu, a enfermeira saiu, foi até o balcão da frente e alertou a Dra. Okon, que estava falando com seu sócio no telefone. A Dra. Okon explicou que o fenômeno era chamado de "respiração agônica", que era apenas um espasmo ou uma reação à medicação que o bebê tinha recebido. Que infelicidade, pensou ela, os Carroll terem visto isto — era quase como se Logan estivesse morrendo pela segunda vez.

Às 5h 55min da tarde, a tristeza estava chegando a um final, pelo menos para aquele momento. Todos sabiam que era hora de entregar o corpo de Logan para o hospital. A madrasta de Tami o estava segurando e inclinou-se sobre ele para dizer um último adeus. Mais uma vez, seu pequeno corpo teve um espasmo. A madrasta de Tami olhou, e olhou novamente.

— Tami, ele… ele está arfando! — gritou ela. — Olhe, a perna dele se mexeu!

— É apenas um espasmo, como a enfermeira falou — respondeu Tami.

— Não acho que seja, acho que ele está respirando — exclamou a avó. — Ruthie, chame uma enfermeira!

Ruthie o fez. Em uma tentativa de acalmar a família, a mesma enfermeira veio rapidamente e pôs as pontas dos dedos no peito do bebê. Depois, ela alcançou um estetoscópio e escutou.

— Esperem bem aqui! — gritou, enquanto saía correndo da sala.

A Dra. Okon ainda estava preenchendo formulários quando a excitada enfermeira se aproximou dela. Ela falou: "O bebê Carroll está com batimentos cardíacos", e eu respondi: "Se isso não parar, a próxima pessoa a ter um ataque cardíaco serei eu" — conta a Dra. Okon. Porém, quando ela chegou na agora silenciosa sala e se aproximou da madrasta de Tami, pôde ver que o bebê estava ficando rosado.

— Ele está vivo? — perguntou ela à senhora mais idosa.

Com os braços tremendo, a madrasta de Tami só conseguiu balançar afirmativamente a cabeça. Atônita, a Dra. Okon tirou-lhe o bebê. Seu pequeno peito subia e descia rapidamente.

— Ele *está* vivo! — ela gritou. — Vamos levá-lo para o berçário!

A enfermeira e a médica saíram correndo da sala com a criança.

Tami começou a chorar. Durante mais de uma hora, ela havia pranteado seu filho, e agora, parecia, o ciclo tinha recomeçado.

— Não faça isto de novo, não posso perdê-lo duas vezes! — ela chorou, enquanto Todd, ainda estupefato, tentava consolá-la.

— Tami, não sabemos o que está acontecendo — explicou ele.

Tami sabia. Era apenas uma brincadeira cruel. Por alguma razão, o pequeno corpo de Logan ainda estava reagindo ao tratamento, e todos pensavam... Porém, tais coisas eram impossíveis! Seu filho tinha estado morto por uma hora e dezoito minutos — ninguém podia voltar à vida depois de todo aquele tempo.

E, no entanto, ela havia pedido a Deus um milagre, não pedira?

A equipe médica começou a reaparecer na sala de parto com boletins para Tami e Todd. Os neonatologistas do Hospital Infantil Kosair tinham retornado, mudos de espanto. No momento, estavam no berçário examinando Logan. Sua incrédula pediatra também estava lá, juntamente com médicos de todas as partes do hospital, em resposta às notícias que se espalhavam rapidamente. Apesar da impossibilidade daquilo, Logan estava respirando por si mesmo, e aparentava estar saudável. Ele tinha sido posto em uma tenda de oxigênio e exames estavam sendo realizados.

Evidentemente, havia murmúrios que não eram mencionados, pelo menos não neste momento alegre e exultante. Um bebê clinicamente morto por mais de uma hora sem dúvida teria um severo dano cerebral, bem como mal funcionamento dos nervos óticos, tecidos prejudicados, convulsões — a lista poderia ser interminável. Mas, por enquanto, todos estavam assombrados. Como a Dra. Okon descreveu posteriormente, era como ver a sombra de Deus passando por perto.

O bebê Logan foi transferido para o Hospital Infantil Kosair e permaneceu lá durante cinco semanas. Nas duas primeiras, ele dormiu devido à medicação para reduzir a possibilidade de convulsões. Depois, gradualmente, começou a despertar.

Embora, com freqüência, os bebês com dano cerebral não suguem, ele mamou imediatamente. Exames mostraram que os seus olhos e a sua audição estavam completamente normais. Hoje, ele está progredindo um pouco mais lentamente do que um bebê comum, mas seu neurologista está "cautelosamente otimista" de que o futuro de Logan será brilhante.

O que aconteceu a esse bebê tão especial? Ninguém sabe realmente. Até agora, não há nenhuma explicação médica, só teorias sugerindo que Logan deve ter experimentado o mesmo tipo de situação que uma vítima de afogamento — no qual os sistemas cessam durante um tempo e depois revivem espontaneamente. No entanto, Logan na verdade nunca *estivera* vivo após o nascimento. A Dra. Okon, que não viu nada igual em seus anos de prática, agradece por não ter sido a única especialista presente no local.

— Se eu tivesse estado sozinha — falou ela para Tami —, poderia ter concluído que havia cometido um erro, deixado passar um minúsculo sinal de vida. Mas, outros médicos estavam lá, inclusive neonatologistas, e todos nós concordamos.

Logan estava morto, e depois ele tinha ressuscitado.

O "como" é bem difícil de responder, o "por que" é quase impossível.

— Enquanto Logan estava hospitalizado, eu vi outros bebês muito doentes — diz Tami. —Lembro-me de pensar: *Por que Logan? Por que não estes outros?*

Tami sabe que a resposta permanecerá um mistério. Porém, a história do seu bebê tem emocionado a muitas pessoas — e talvez esta seja a própria razão. A equipe médica do Clarke Hospital o apelidou de "Lázaro". Desconhecidos se aproximam de Tami na rua com lágrimas nos olhos. Até mesmo uma senhora idosa escreveu para contar aos Carroll que a mesma coisa havia acontecido com ela no seu nascimento e ninguém nunca tinha acreditado em sua mãe e... até agora.

Por que milagres acontecem

— Talvez Deus tenha querido nos mostrar que milagres realmente acontecem, e disse: "Eu ainda estou aqui e ainda ressuscito os mortos" — Tami comentou. — E talvez minha tarefa não seja perguntar *por que*, mas simplesmente continuar contando para as outras pessoas, e continuar agradecendo.

Ela e Todd estão muito dispostos a levar adiante essa atribuição celestial. O que mais pode alguém fazer com tal prodígio?

Milagre em Mobile

O gloriosamente estranho pode ser mais normal do que pensamos.
— TIMOTHY JONES, *CELEBRATION OF ANGELS*

Para alguns de nós, sinais e prodígios são acontecimentos raros (pelo menos assim parece). Outras pessoas, como Betty Billings, têm tido uma existência de aventuras espirituais. As dela começaram quando estava com seis anos de idade e teve uma experiência de quase-morte enquanto suas amígdalas estavam sendo extraídas. A voz de um homem gentil e amoroso falou com ela em meio a um lindo local parecido com uma campina — uma cena que ela nunca viu duplicada, apesar das suas longas viagens. Ela acredita que esteve no céu com Jesus, e ele lhe deu a opção de voltar à Terra.

Após seu casamento, Betty trabalhou em uma firma de construção. Em uma ocasião, em um local de obra, uma tábua de andaime pesando mais de 100 quilos caiu das alturas bem em direção à sua cabeça.

— Cuidado! — gritaram os outros operários para Betty, e ela pulou fora. Mas não antes de todos os outros verem a tábua parar no meio do caminho — por apenas alguns segundos — antes de se espatifar no local onde ela havia estado.

Talvez a aventura mais prodigiosa de Betty tenha acontecido em 1956. Ela ainda morava em Cincinnati e ficara deprimida desde quando seus melhores amigos, Pat e Sam Brewer★, tinham se mudado para Mobile, Alabama. Quando seu marido, Kenneth, chegou em casa, Betty tinha um plano.

— Precisamos de férias — anunciou ela. — Vamos viajar e visitar os Brewer no feriado de 4 de julho.

Com dúvidas, Kenneth olhou para o filho de dois anos de idade.

— Não seria uma viagem longa para Timothy?

Concordando com a cabeça, Betty falou:

— Provavelmente, mas estou com muita saudade de Pat e de Sam.

Embora os casais se mantivessem em contato, os telefonemas não conseguiam substituir o fato de estarem juntos.

Naquela época, não havia nenhuma auto-estrada interestadual, e, no dia seguinte, quando Kenneth trouxe um mapa para casa, ele percebeu que a viagem para Mobile levaria quase 20 horas. Pior, iriam chegar à noite, e os Brewer moravam em uma área pouco conhecida. Naquele dia, Betty havia telefonado para os Brewer. Eles ficaram encantados com a promissora visita e sugeriram que Kenneth ligasse quando chegasse a Mobile para que eles pudessem fornecer direções específicas até a sua casa. Porém Kenneth ainda estava preocupado com relação a ficarem perdidos.

Entretanto, Betty não tinha tais apreensões e estava alegremente absorvida fazendo as malas.

— Deus estará cuidando de nós — disse ela ao seu hesitante marido. — Você sabe que eu tento mantê-Lo tão próximo quanto a minha língua e as chaves do meu carro! Tudo sairá muito bem.

A viagem foi longa e tediosa e eles paravam com freqüência para que Timothy pudesse correr um pouco. Mas só quando eles se dirigiam para Mobile pela Rodovia 45 e se encontraram em uma parte escura e arruinada da cidade é que Betty realmente começou a se preocupar. O mapa parecia muito confuso. Aparentemente, um rio estava adiante deles, e depois o quê?

— Deus, precisamos de ajuda — Betty sussurrou.

À direita deles, eles viram um posto de gasolina. Parecia fechado, já que não havia nenhum cliente comprando gasolina nas bombas e qualquer tipo de atividade no interior do prédio de tijolos. Mas talvez houvesse um telefone público disponível. Kenneth fez a volta, e aí apareceu um funcionário magro, de uniforme azul, andando a passos largos em direção ao carro deles.

— Estamos um pouco perdidos — disse-lhe Kenneth.

— Como posso ajudar? — O funcionário olhou através da janela, sorrindo para Timothy.

Kenneth lhe deu o endereço de Sam e o funcionário assentiu com a cabeça.

— Vocês vão até ali embaixo. — Ele apontou com segurança, sem consultar o mapa. — E depois... — As orientações dele foram breves, eficientes e fáceis de entender.

Que homem gentil, Betty pensou. *Agora não há nenhuma necessidade de telefonar para os Brewer*. Fatigada, ela se inclinou para trás e fechou os olhos. Estranho, pensou, que a roupa de um mecânico estivesse tão passada e limpa em uma hora tão tarde do dia. E o homem tinha aparecido tão rapidamente, quase como se estivesse *esperando* por eles...

Porém, suas orientações foram perfeitas. Logo Kenneth e Betty estavam em frente a uma pequena casa, e Pat e Sam desceram correndo a calçada da frente com os braços abertos para recebê-los.

— Por que não nos telefonaram? — perguntou Pat quando os abraços terminaram. — Nossa casa é tão difícil de encontrar.

— Não precisamos, o funcionário do posto de gasolina na cidade sabia exatamente onde vocês moravam — explicou Kenneth.

— Quem?

Betty descreveu o posto, a esquina específica, o prestimoso homem que parecia saber o que eles precisavam antes mesmo de eles perguntarem. Só então ela notou os olhares de estranheza nos rostos de Pat e Sam.

— Betty — disse Pat gentilmente. — Vocês não podem ter obtido orientações lá.

— Mas obtivemos — insistiu Betty.

— Não. — Pat balançou a cabeça. — *Costumava* haver um posto de gasolina naquela esquina. Mas ele foi demolido muitos anos atrás para o alargamento da auto-estrada. Só restou uma pequena parte de uma única parede de tijolos.

Betty segurou sua língua. Não queria discutir, não após uma viagem tão exaustiva. Ela simplesmente mostraria aos seus amigos no dia seguinte.

No entanto, na manhã seguinte, não havia o quê mostrar. Embora Betty e Kenneth se lembrassem do trajeto e o tivessem refeito até a mesma esquina, não encontraram nenhum posto, nenhuma bomba de gasolina ou funcionário de uniforme azul! Só ervas daninhas... e parte de uma antiga parede de tijolos.

Os Billings se mudaram para Mobile no ano seguinte. E sempre que Betty passava pela "sua" esquina, sentia um inequívoco arrebatamento. Teria sido uma visão aquele relance de um tempo remoto? Ela não conseguia explicar o que ocorrera. Só sabia que tinha pedido a Deus para proteger sua família. E Ele havia lhe mostrado que, para onde quer que os Seus filhos viajem, eles nunca estão sozinhos.

Guardiões Invisíveis

Foi como se uma alegria incandescente tivesse entrado pelos seus olhos e se infiltrado para iluminar todas as moléculas do seu ser.

— ETHEL POCHOCKI,
THE WIND HARP AND OTHER ANGEL TALES

Em 1980, Dave Carr de Bangor, Maine, com 25 anos, começou a sentir um daqueles ímpetos interiores que desafiam a lógica e a razão. Ele teve um forte impulso para abrir um local de reunião para os sem-teto ou pessoas desafortunadas.

— Eu pensava em lhes fornecer um refresco ou um café e alguma coisa para comer, juntamente com um abraço e algumas palavras de encorajamento — diz Dave. — E, o mais importante, queria que eles aprendessem a respeito da Bíblia e auspiciosamente aceitassem Jesus em seus corações.

Essa "cutucada celestial" foi ficando cada vez mais forte durante os muitos anos seguintes. Mas Dave questionava isso. Como *ele* poderia abrir um lugar assim? Na verdade, ele sempre tinha vivido uma vida de serviço e ajudara em projetos semelhantes através da sua Igreja. Mas ele era um motorista de caminhão, não um ministro, ou um psicólogo, e tinha uma jovem família para sustentar, sem nenhuma sobra para alugar um centro de acolhida. A idéia como um todo era impossível.

Porém, Dave continuou a pensar no assunto. Sabia que as pessoas de rua levavam vidas árduas; não somente passavam fome e, muitas vezes, frio no clima severo do Maine, como também ficavam vulneráveis às ameaças das pessoas mais fortes do que elas. Recentemente, um homem tinha sido assassinado no meio da noite e arremessado da ponte para dentro do rio Penobscot. A polícia não havia encontrado os atacantes. E, pensava Dave, sem algum tipo de oásis seguro, tal coisa certamente aconteceria de novo.

Finalmente, numa determinada noite de setembro, por volta das 10 h, Dave se dirigiu para o centro da cidade de Bangor. Pelo menos *olhar* os locais possíveis não iria causar danos.

— Precisava das horas noturnas para pensar com tranqüilidade e achava que seria mais fácil examinar armazéns sem ser perturbado pelo trânsito — diz ele.

Estacionou e caminhou pelas redondezas, olhando prédios abandonados. Algumas possibilidades, mas nada definido.

À 1 h da madrugada, Dave estava pronto para ir embora. Mas ainda não tinha investigado Brewer, a cidade situada do outro lado de Bangor, cruzando o rio Penobscot. Olharia alguns locais lá e, depois, iria para casa.

Quando Dave começou a caminhar pela ponte, a rua estava deserta. Então aproximou-se um carro, vindo de Brewer. Quando os faróis dianteiros o atingiram, o carro diminuiu a velocidade. Apreensivo, Dave percebeu que havia três homens no interior. Apesar do ar frio da noite, as janelas estavam abaixadas.

— Vamos arremessá-lo! — Dave ouviu um deles dizer. O carro parou, suas portas se abriram e todos os três saltaram e vieram em sua direção.

Horrorizado, Dave recordou de repente o assassinato da pessoa de rua. Tinha sido nesta ponte! Estes homens tinham feito aquilo? Ele sabia que não seria páreo para eles — sua única opção era rezar para sobreviver à água gelada. Porém, quando olhou para baixo, percebeu que a maré havia se afastado e somente as pedras e o lodo estavam diretamente abaixo dele.

— Deus, ajude-me — Dave murmurou.

Imediatamente, sentiu uma presença perto dele, alguma coisa invisível, mas definitivamente *ali*. Uma sensação aconchegante de segurança o inundou. Seu medo desapareceu, e, sem saber bem como sabia, soube que não estava sozinho.

Agora os homens estavam quase sobre Dave. Todos os três eram fortes, musculosos, e tinham olhares de maldade.

— Pegue-o! — gritou um deles.

De repente, eles pararam.

— Eles me olharam fixamente e, depois, olharam para a minha direita e para a minha esquerda — diz Dave. — Pareciam horrorizados. Um disse: "Oh, meu Deus!" Eles se viraram e começaram a empurrar um ao outro para voltar ao carro. E quando aceleraram para saírem rapidamente, pareceu como se tivessem arrancado a transmissão fora! Eu ainda os pude escutar praguejando e gritando: "Corre, corre!"

Por um momento, Dave ficou na ponte deserta aquecendo-se no calor que ainda o cercava. O que era? O que os homens tinham visto? O que quer que fosse, o protegera da morte certa.

— Obrigado, Deus — ele sussurrou.

Sentia-se exaltado, tão animado que decidiu continuar até Brewer e terminar a busca. Enquanto atravessava o resto da ponte, um amigo seu, Danny, passou dirigindo perto dele, buzinou e continuou adiante, sem saber da difícil escapada de Dave. Ainda cercado pela paz, Dave acenou.

Um pouco depois, Dave passou por alguns desocupados parados em uma esquina de uma rua de Brewer. Porém, quando ele se aproximou, todos eles recuaram.

Um pôs as mãos sobre os olhos.

— Você está brilhando! — sussurrou ele. — Dói olhar!

— Posso sentir o Espírito Santo em toda a sua volta! — disse um outro, enquanto se afastava.

Dave ficou pasmo. Era o brilho do *céu* que o cercava, tinha que ser! Mas não teve certeza absoluta até o dia seguinte, quando se encontrou novamente com Danny.

— Desculpe-me por não parar para vocês ontem à noite na ponte — Danny falou —, mas eu tinha passageiros e também nunca poderia ter acomodado todos vocês em meu carro.

— Todos nós? — perguntou Dave espantado.

— Aqueles três caras imensos que iam com você — explicou Danny. —Eram as pessoas mais altas que eu já tinha visto. Um deve ter pelo menos uns dois metros de altura!

Dave nunca mais resistiu a uma cutucada celestial. Em 1986, ele abriu e fundou uma casa de acolhida em Bangor que ainda funciona, sob a administração de um amigo. Todas as noites, pelo menos 100 pessoas são alimentadas com café, abraços... e a palavra do Senhor.

Testemunha Surpresa

Quão enorme é o prodígio das coisas celestiais e terrenas!
— CÍCERO, DE NATURA DEORUM

Peggy Williams estava muito preocupada com sua filha Sherri. Após 17 anos de casamento, Sherri se divorciara recentemente e os últimos meses tinham sido traumáticos para ela e para seus dois filhos.

— Como uma professora do curso superior, ela precisava suportar muita pressão na escola — diz Peggy. — Mas, em casa, ela estava desabando emocionalmente devido ao contínuo assédio do seu ex-marido, bem como o desrespeito de seus filhos, que estavam aborrecidos com o divórcio. Era muita tensão sobre ela.

As mulheres conversavam com freqüência, mas Peggy se sentia impotente para resolver os problemas de Sherri. Tudo o que ela podia fazer era rezar com a filha, esperando que o estresse diminuísse.

Porém, um obstáculo difícil estava à frente de Sherri: um encontro final no tribunal para determinar a custódia, pensão alimentar e outros acordos. O marido de Sherri advertira que faria "o que fosse necessário" para obter a custódia dos filhos. Muitas pessoas da sua família, bastante conhecida e influente na comunidade, como já haviam feito no passado, iriam assistir à audiência para dar apoio a ele.

Uma vez que Sherri não havia compartilhado suas histórias de dificuldades matrimoniais com os amigos, agora não tinha ninguém que pudesse testemunhar a seu favor, a não ser Tammy, sobrinha do seu marido e uma boa amiga. Porém, certamente a lealdade de Tammy estaria dividida, e Sherri não iria lhe pedir para escolher um dos lados. Não, exceto por sua mãe, Sherri estava sozinha, e sabia disso. Seu ex-marido era um bom pai, mas, apesar da irritação das crianças com o divórcio, elas queriam ficar com Sherri. Contudo, como poderia ficar com os filhos se as vantagens pareciam tão contrárias a ela?

Evidentemente, Peggy iria ao tribunal com Sherri. Porém, quando a audiência foi finalmente marcada, houve um conflito. Peggy é corretora imobiliária e pagara a inscrição para um curso necessário para ela. A data da audiência — 5 de outubro — coincidia com a semana do curso, que estava sendo dado em Norfolk, na Virgínia, distante quatro horas, de carro. Peggy ficou transtornada, já que um outro curso não seria realizado durante meses. Mas decidiu cancelá-lo e ficar com Sherri.

Sherri fez objeção.

— Mamãe, você precisa ir em frente com este curso — ela falou a Peggy. — Nós nos falaremos todas as noites da semana em que você estiver fora. As coisas vão funcionar.

Peggy não tinha tanta certeza, mas finalmente cedeu.

Na noite de segunda-feira, 3 de outubro, Peggy telefonou para sua filha. Sherri estava calma com relação à audiência no tribunal, que estava para acontecer, e Peggy desligou confiante. Porém, na terça-feira, a atmosfera havia mudado. Sherri estava terrivelmente aborrecida com uma solicitação mínima que o advogado lhe fizera, e a preocupação de Peggy aumentou. Sua filha sempre tinha sido tão organizada e competente — esta, absolutamente, não era a Sherri que todos conheciam. E se ela se desesperasse no banco das testemunhas, ou parecesse histérica? Que chance teria de ganhar a custódia? Oh, se pelo menos alguém pudesse estar lá com ela!

— Sherri, amanhã vou rezar o dia todo por você — disse-lhe Peggy.

Isto foi tudo o que ela conseguiu pensar para dizer.

Peggy ficou acordada a maior parte da noite, virando de um lado para o outro na cama, preocupada com Sherri e as crianças.

— Senhor, faça com que ela seja corajosa — sussurrou Peggy. — Coloque uma divisão entre Sherri e todas aquelas pessoas contrárias a ela na corte, para que ela não as veja e não fique amedrontada. Ajude-a, Senhor!

Na manhã de quarta-feira, Peggy foi para a aula, porém mal conseguiu se concentrar nas lições. Lágrimas brotaram diversas vezes em seus olhos quando imaginava sua filha, sozinha e vulnerável, sendo virada pelo avesso e denunciada. O que Sherri faria? O que aconteceria com as crianças?

Às 9h15min, quando chegou a hora do intervalo, Peggy atravessou cambaleando o salão de convenções, foi até um terraço do lado de fora e olhou para o céu. A luz do sol brilhava à sua volta, contudo ela se sentiu imersa na escuridão. Sabia que precisava deixar Sherri aos cuidados de Deus. Agora, só Ele poderia ajudá-la.

— Deus, amo minha filha e não posso estar com ela — rezou Peggy, erguendo seu rosto em lágrimas para o céu. — Então, por favor, Você tomará conta dela?

O resto do dia pareceu interminável, mas finalmente Peggy retornou ao seu hotel e telefonou para Sherri.

— Mamãe, você não vai acreditar! — A voz triunfante de Sherri foi um choque. — O juiz me deu a custódia! E meu advogado disse que eu recebi uma das melhores pensões alimentícias que ele já viu!

— Sherri, isto é surpreendente. O que aconteceu?

— Bem, a primeira coisa estranha foi que quando eu estava testemunhando, minha cadeira estava virada *para longe* de todas as pessoas que estavam contra mim. Na verdade eu não conseguia vê-las, então me senti muito mais calma. Consegui me lembrar de palavras e de acontecimentos sem nenhum problema.

Peggy lembrou-se da sua oração. *Senhor, coloque uma divisão entre Sherri e todas aquelas pessoas contrárias a ela...*

— Isto é maravilhoso, querida. Mas, ainda assim, como...?

— Foi Tammy, mamãe. No último minuto, ela chegou no tribunal, perguntou ao juiz se poderia ser ouvida e testemunhou a meu favor. Ela foi maravilhosa, e tenho certeza de que ela foi o fator crítico na decisão do juiz.

Tammy? Quão inesperado.

— Ela disse que embora gostasse tanto do tio quanto de mim, estava mais preocupada com nossos filhos — continuou Sherri. — Ela ficou abalada e chorou quando descreveu como eles estavam ficando arrasados com essa coisa toda.

— Mas, por quê? — perguntou Peggy. — O que fez Tammy decidir ir, especialmente bem no último minuto?

— Por quê...? — Sherri parecia confusa. — Pelo que *você* fez, mamãe.

— Eu?

— Sim. Tammy disse que você telefonou e falou para ela se levantar, não demorar a se vestir, apenas vestisse qualquer coisa, e ir para o tribunal, porque seus netos precisavam dela. Tammy tentou argumentar, mas você foi tão firme com relação a isso que ela desistiu, e foi. Até mesmo levou com ela o filho de três anos. Foi *você*, mamãe.

Os joelhos de Peggy ficaram fracos.

— A que horas Tammy recebeu este telefonema? — perguntou.

— Eram exatamente 9h 15min.

Nove e quinze! O momento em que Peggy tinha voltado seu rosto em lágrimas para o céu e pedido a Deus que tomasse conta da filha. Evidentemente, ela não tinha estado em nenhum lugar próximo a um telefone, nem sabia o número de Tammy, que não constava da lista. Nem teria lhe ocorrido envolver Tammy. Porém, o que eram tais limitações para Deus?

— Agora as coisas estão melhores para todos nós — conta Peggy. — Fazemos muitas orações e constantemente buscamos a Palavra por respostas e orientação. Mas essa experiência tem sido algo que nenhum de nós jamais esquecerá.

Mensageiro Vindo de Cork

Nunca estamos tão perdidos que nossos anjos não possam nos encontrar.
— STEPHANIE POWERS, *ANGELS II: BEYOND THE LIGHT*

Quando as férias de primavera se aproximavam na Universidade de Londres, a estudante americana Kelley O'Connell decidiu tirar vantagem de uma oportunidade extraordinária. Que momento mais perfeito para visitar a Irlanda, o país dos seus ancestrais?

Kelley sempre se preocupara com o fato de não ter dinheiro suficiente.

— Quando você cresce em uma família que luta com dificuldades financeiras, você se preocupa — diz ela.

Porém os estudantes universitários viajam em geral com orçamentos apertados, especialmente na Europa, onde os albergues para a juventude cobram apenas sete ou oito dólares por noite. Então, embora Kelley tenha voado para Dublin com apenas cerca de 275 dólares e seus passes de ônibus e trem, ela estava confiante.

Ela visitou os pontos turísticos em Dublin, ficou em um albergue, e na manhã seguinte iria de trem até Cork. Porém, naquela noite, Kelley abriu sua mochila e descobriu que havia sido roubada — todo o dinheiro tinha sumido! O pânico familiar desabou sobre ela. Ela possuía cerca de 20 libras (30 dólares) no bolso da calça e um pouco de pão e granola na bolsa, não o suficiente para viver uma outra semana. Sua passagem de avião só servia para a data marcada. O que ela poderia fazer? Kelley fez uma chamada a cobrar para seus pais, em Omaha, mas eles estavam de férias.

— Vou tentar encontrá-los — prometeu seu irmão —, mas provavelmente você não vai receber nenhum dinheiro até segunda ou terça-feira.

Como ela viveria nesse meio-tempo? A tão esperada viagem de sonho estava se tornando um pesadelo.

Determinada a salvar o que pudesse, Kelley continuou a viajar nos dias seguintes. Finalmente, conseguiu falar com o pai, que prometeu enviar dinheiro para um escritório do American Express em Limerick, na quarta-feira.

— Nesse meio-tempo — aconselhou-lhe ele —, por que você não vai a uma igreja? Tenho certeza de que lá alguém poderia ajudar.

Não. Kelley apreciou seu conselho, mas não iria segui-lo.

— Eu havia rejeitado minha educação católica quando estava com 16 anos — diz ela. — Para mim, a religião era apenas um punhado de regras. Eu era uma adolescente independente e tempestuosa que não tinha certeza em que acreditava, mas não possuía nenhuma ligação espiritual. O único momento no qual eu sempre reconhecia Deus era quando estava furiosa com Ele. Se alguma coisa saía errada, era culpa Dele. Caso contrário, Ele não existia.

Ela iria se sentir uma hipócrita se fosse a uma igreja naquele momento.

Porém, quando ela se encontrou em um banco de praça em Limerick na fria escuridão chuvosa, Kelley percebeu que tinha chegado a um beco sem saída. Tinha 80 centavos no bolso e seis dias antes do vôo de retorno para Londres. Seu dinheiro deveria chegar na tarde do dia seguinte — mas, e se não chegasse? Estava sozinha, em uma cidade desconhecida, sem nenhum lugar para ficar e, para coroar tudo isso, hoje era seu vigésimo primeiro aniversário. Que brincadeira cruel!

Lágrimas encheram seus olhos.

— Do outro lado da rua, havia um albergue da juventude — diz ela. — Eu sabia que por volta das 9 h da noite ele estaria fechando — todos eles fazem isto —, então, respirei fundo e bati na porta.

Quando o proprietário veio, ela explicou sua situação.

— Eu ficaria feliz em fazer a limpeza para você amanhã em troca de abrigo por esta noite — sugeriu ela.

— Nós estamos funcionando precariamente — só há dois hóspedes aqui — respondeu ele. — Por que você não desce a rua e pede ajuda na igreja?

De novo não! Com firmeza, Kelley balançou a cabeça negativamente.

— Bem, entre — suspirou ele. — Encontrarei algum trabalho para você fazer.

Ele deu a Kelley um quarto no segundo andar, o andar das mulheres (os homens ficavam no terceiro andar). Ela conheceu os outros dois hóspedes, "mas senti que eles não tinham nada disponível, então não contei coisa alguma para eles", disse ela. Finalmente, o casal saiu para um passeio. O proprietário tinha ido para seus aposentos após trancar a porta da frente, portanto, Kelley estava sozinha. Afundando miseravelmente na sala de estar, ela comeu o que restava do seu pão e da sua granola enquanto lágrimas rolavam pelas suas faces. *Feliz aniversário para mim...* Ela nunca havia se sentido tão solitária.

Às 10 h da noite a porta da sala de estar se abriu inesperadamente e um homem entrou.

— Tudo bem se eu me sentar? — ele perguntou.

Kelley olhou para cima. Ele era alto, magro e jovem, com um ondulado cabelo preto retinto e pele clara irlandesa.

— Mas foram seus olhos que chamaram minha atenção — disse Kelley. — Eles eram do azul mais brilhante e mais bonito que eu jamais vi. Pareciam velhos e jovens ao mesmo tempo.

O homem estendeu a mão.

— Sou Peter McGucky. — Ele sorriu.

— Kelley O'Connell, da Universidade de Londres. — Kelley enxugou as lágrimas.

— Eu também morava em Londres — explicou Peter —, mas estou voltando para a casa do meu irmão em Cork e fazendo alguns passeios turísticos pelo caminho. Por que você está chorando?

Kelley lhe contou.

— Humm. — O rosto de Peter foi ficando cada vez mais pensativo. — Não se preocupe, querida. Ficarei com você até conseguirmos resolver tudo. Tudo ficará muito bem. Você verá.

Kelley já estava relaxando. A própria presença de Peter era tranqüilizadora. Os dois começaram a conversar sobre coisas triviais, sobre a vida cotidiana, planos e esperanças.

— Não houve nada de importante na nossa conversa — diz Kelley. — Mas o próprio fato de a conversa ser corriqueira parecia reduzir minha tensão.

Peter lhe assegurou que, no dia seguinte, eles poderiam ir ao escritório do American Express e a encomenda do pai dela estaria lá. Nada com que se preocupar.

Na manhã seguinte Kelley acordou cedo e fez as tarefas que haviam sido combinadas. Os outros dois hóspedes saíram e, finalmente, Kelley, na ponta dos pés, subiu até o terceiro andar, para encontrar o quarto de Peter e lembrá-lo da ida deles ao escritório do American Express. Mas todos os quartos estavam vazios. Confusa, Kelley desceu as escadas e encontrou o dono do albergue.

— Onde está o Peter? — perguntou ela.

— Quem?

— Peter McGucky. O homem de cabelos escuros. O que chegou bem tarde ontem à noite.

O proprietário olhou com ceticismo para Kelley.

— Ontem à noite você foi a única pessoa que chegou — disse-lhe ele. — E aqui não há nenhum hóspede chamado Peter. — Dando-lhe as costas, ele se afastou rapidamente.

— Mas... — Kelley olhou para cima. *Lá* estava Peter, parado no último degrau da escada, sorrindo em sua direção.

— Você parece estar precisando de um café da manhã — disse ele enquanto descia a escada. — Tome, você pode dividir o meu.

Kelley continuava a pensar no seu encontro com o dono do albergue. Quem poderia não perceber alguém como Peter? Porém, comeu com satisfação, e logo ela e Peter estavam passeando por Limerick rumo ao escritório do American Express, uma pequenina loja envidraçada com uma única entrada na frente.

Peter esperou do lado de fora enquanto Kelley entrava para pegar sua encomenda. Mas uma outra dificuldade estava adiante.

— Nós já recebemos o malote de hoje que veio da América — explicou a senhora. — Não havia nada para você.

Oh, não! Não um outro dia sem nenhum dinheiro! A histeria familiar se apoderou de Kelley e depois, de algum modo, pareceu retroceder. Mesmo dentro do pequeno escritório, ela podia sentir a tranqüilidade de Peter se estabelecendo ao seu redor. Ele não tinha dito que tudo iria funcionar bem? Ela decidiu confiar.

— O que eu devo fazer? — perguntou à funcionária.

Telefonemas foram dados, o pessoal acionado, um motorista foi alertado.

— Você está com sorte — a funcionária falou finalmente para Kelley. — Eles encontraram o pacote extraviado e o caminhão está voltando. Você também pode esperar lá fora; pode demorar um pouco.

Kelley saiu para explicar as coisas para Peter. Mais uma vez, não se sentiu nem um pouco angustiada, só um simples espanto diante do fato de como as coisas pareciam estar entrando nos eixos.

Os dois conversaram casualmente. Estava um lindo dia; estranho que ela não tivesse notado até agora.

— E depois — disse Kelley —, embora tivéssemos ficado parados bem em frente da loja, ninguém tivesse entrado ou saído e nenhum caminhão tivesse se aproximado, a funcionária veio até o lado de fora. "Sua encomenda acabou de chegar!", disse-me ela.

Era impossível. Mas lá estava a conhecida caligrafia do pai dela e, dentro, o dinheiro que ela precisava para terminar suas férias. De algum modo, isso havia chegado àquela obscura loja sem que eles notassem. Mas, como?

Ela e Peter foram almoçar, e depois andaram até o ponto do ônibus.

— Eu estarei indo e vindo de Cork a Londres mais algumas vezes — disse-lhe ele enquanto escrevia o endereço do irmão em um pedaço de papel. — Ele não tem telefone, mas aqui está onde eu ficarei.

Kelley lhe deu seu endereço em Londres. Não havia palavras para lhe dizer o quão grata ela estava. Seu apoio emocional e moral era exatamente do que ela necessitara.

Peter a abraçou.

— Apesar de tudo, você poderia ter ido à igreja — disse ele gentilmente. — Você sabe que ela sempre a aceitará.

— Sim. Eu sei. — De alguma maneira, ela sempre soubera disto. Ela se virou e entrou no ônibus.

O restante da viagem de Kelley correu bem, e após seu retorno a Londres, ela enviou dinheiro e uma carta de agradecimento a Peter no endereço do irmão dele em Cork.

Uma semana depois, a carta voltou. "Nome inexistente", estava impresso. "Endereço inexistente."

Kelley olhou fixamente para a carta. E subitamente compreendeu. Todas as discrepâncias que tinha ignorado — Peter entrando em um albergue trancado, o proprietário não o vendo, a misteriosa chegada da encomenda do American Express, mas, acima de tudo, a inegável sensação de fortalecimento, de esperança e, sim, de perdão. Sua consciência se tornou uma luz brilhante.

— Eu tinha recebido um milagre e não tinha percebido isso! — Kelley comentou. Porém, ela não deixaria de perceber nenhum outro.

Hoje, Kelley é uma universitária formada, mãe de um jovem filho e uma mulher confiante e cheia de fé, em paz consigo mesma e com Deus.

— Deus faz a parte divina e eu faço o trabalho braçal — diz ela. — Não me preocupo com nada; sinto-me sempre segura porque, se estou fazendo o que devo fazer, então Ele tomará conta do resto.

Ela gosta de pensar que Peter McGucky está feliz com sua mudança de espírito e que irá lhe dizer isto quando eles se encontrarem novamente.

O Que as Crianças Sabem?

Os pequeninos a Ele pertencem,
Eles são fracos mas Ele é forte.
— HINO, "JESUS ME AMA"

Porque são inocentes, as crianças pequenas aceitam até mesmo as coisas mais improváveis como perfeitamente normais. Talvez elas estejam em contato com o céu de uma maneira que só podemos imaginar.

Quando conceberam um filho, Johnnie e William Edwards, de Athens, Geórgia, já estavam casados há 10 anos. Durante a gravidez, num acidente de automóvel, Johnnie caiu sobre sua barriga e, um mês antes do parto, sofreu complicações, tendo que induzir o parto.

— Por tudo isso, quando segurei meu bebê perfeito, Demetrius, em meus braços, senti que ele era uma criança milagrosa — Johnnie falou.

Johnnie estava encantada com a maternidade, mas havia as ansiedades. Tinha muito a aprender, e a cada vez que Demetrius tentava alguma coisa nova, Johnnie se sentia apreensiva. Quando ele chegou aos três anos e sua creche ofereceu aulas de natação no YMCA, ela teve emoções confusas. Certamente, queria que ele aprendesse a nadar. Porém, e se acontecesse alguma coisa? Com relutância, ela o matriculou.

— Mas, nos dias de aula de natação, eu ficava intensamente preocupada, até que ele estivesse em casa em segurança — diz ela.

Em torno dessa época, Johnnie comprou uma Bíblia infantil para Demetrius. Eles ainda não tinham conversado sobre coisas espirituais, então, para começar, ela decidiu ler para ele uma história a cada noite. Naquela noite, Johnnie agasalhou Demetrius na cama, pegou a nova Bíblia e leu a história de Jacó e o anjo. Os olhos do seu pequeno filho se iluminaram.

— Mamãe! — ele gritou apontando a imagem do ser alado. — Eu vi esta senhora hoje!

— Você viu? — perguntou Johnnie espantada.

— Uh-huh. Na piscina!

Demetrius era um menininho que sempre dizia a verdade. Contudo, as crianças *realmente* têm fantasias.

— Isto é um anjo, querido — explicou Johnnie com cuidado. — Alguma outra pessoa a viu, talvez sua professora?

— Acho que não — respondeu Demetrius.

— Ela falou alguma coisa para você?

— Não, ela apenas sorriu para mim, ficou ao meu lado e segurou minha mão. Depois que minha cabeça ficou debaixo da água quando não devia ficar. — Ele parecia pensativo. — Acho que ela veio porque eu fiquei um pouco assustado.

Lágrimas despontaram nos olhos de Johnnie. *Ela* também havia ficado um pouco assustada. Mas agora sabia que Deus tinha Sua mão sobre seu filho e que não havia necessidade alguma de se preocupar com relação à água — ou a qualquer outra coisa.

O Que as Crianças Sabem?

A visão especial dos pequeninos não está limitada aos anjos. Brad, o bebê de Peter e Darlene Kutulas, estava começando a aprender a falar e só sabia algumas palavras. Uma era "Papai". Entretanto "Papai" não estava reservada para seu pai; quando Brad via *qualquer* homem, gritaria "Papai!" encantado. Em um esforço para encorajá-lo a falar mais, Darlene e Peter muitas vezes lhe mostravam fotografias de pessoas nas revistas. Brad sempre apontaria para o homem: "Papai!"

Uma tarde, Peter falou para Darlene:

— Vamos mostrar ao Brad uma imagem de Jesus.

O bebê nunca tinha visto uma, e devido ao longo cabelo e ao gracioso manto, ficaram imaginando como Brad categorizaria Jesus. Porém, quando eles mostraram a imagem, subitamente Brad foi ficando cada vez mais solene, apontou quase em reconhecimento e disse — repetidamente — uma palavra que nunca havia usado: "Rei!"

Alguns pequeninos parecem ser espiritualmente conscientes, mesmo quando tais idéias nunca são discutidas em casa. Uma mãe, que se descrevia como agnóstica, contou que seu filho de dois anos, Joey, conversava constantemente com seu companheiro imaginário, o Sr. Bones, que estava "todo vestido de branco". Ela tentava fazer a vontade de Joey fingindo que seu "amigo" realmente existia.

— De onde o Sr. Bones veio? — perguntou ela um dia ao seu filho.

Joey olhou seriamente para ela.

— Eu o conheci no céu — disse ele.

Na época em que Elizabeth Cockrell estava com 18 meses de idade, ela conseguia identificar diversas cores e falava clara e constantemente. Sua mãe, Cynthia, podia ouvi-la tagarelando enquanto brincava no seu quarto. Um dia, Cynthia esticou a cabeça pela porta do quarto.

— Com quem você está conversando, Elizabeth? — perguntou ela sorrindo.

Elizabeth olhou para cima com os olhos inocentes bem abertos.

— Com o Pequeno Billy — respondeu ela.

Cynthia sentiu um calafrio.

— Quem?

— O nome dele é Pequeno Billy, mamãe, e ele é um menino. — Elizabeth estava convicta.

— Como ele é, querida?

Cynthia era descendente de Cherokee e suas filhas herdaram seu cabelo escuro. Porém, em vez de escolher uma boneca com aparência familiar, Elizabeth fez uma pausa, olhou ao redor do quarto e localizou uma boneca loura.

— O cabelo dele é *assim* — disse ela apontando —, e os olhos dele são azuis.

Cynthia estava quase chorando.

— Por que você o chama de Pequeno Billy, Elizabeth? — perguntou gentilmente.

— Ele *diz* que o nome dele é Pequeno Billy — explicou Elizabeth.

Para ela, isto parecia razoável.

No entanto Cynthia foi para a cozinha, sentou-se à mesa e pôs a cabeça entre as mãos. Uma semana antes de Elizabeth nascer, o bebê da prima de Cynthia tinha morrido de síndrome da morte súbita infantil. Ele estava com quatro meses de idade, seus cabelos eram louros e os olhos azuis, e desde o momento do seu nascimento, a família o havia apelidado de Pequeno Billy.

O Que as Crianças Sabem?

— Minha prima mora em outro estado e nós nunca discutimos a tragédia — disse Cynthia. — Portanto, como Elizabeth poderia ter ouvido falar nisso?

Nunca mais Cynthia perguntou sobre o Pequeno Billy à sua filha. Porém, durante alguns anos, Elizabeth sempre insistiu que ele estava bem perto dela.

Ocasionalmente, as crianças relatam experiências fora do corpo. Em *Parting Visions* (Visões de separação), o autor Melvin Morse fala sobre Ann, de seis anos de idade, que tinha leucemia e se sentia muito doente. Uma noite, após ter ido para a cama, Ann viu em seu quarto uma forma brilhante que se transformou em uma linda senhora.

— Nós atravessamos a escuridão para dentro de um mundo incrivelmente brilhante e colorido, diferente de tudo o que eu já tinha visto — explicou Ann posteriormente. — A senhora falou que eu precisava de um descanso, que a vida estava muito difícil para mim.

Aproveitando uma sensação incomum de paz e de alegria, Ann brincou um pouco com outras crianças em uma caixa de areia. Depois, guiada pela senhora, voltou para o seu quarto, deu adeus à senhora e adormeceu. Em duas semanas, todos os exames de sangue de Ann tinham voltado ao normal, e a leucemia havia desaparecido.[4]

Embora não estivesse doente como Ann, Sarah Richter, de quatro anos de idade, de Kansas City, Missouri, uma determinada manhã, tinha uma história semelhante para contar à sua mãe.

— Ontem à noite eu vi Jesus no meu quarto! — disse ela cheia de inocência e excitação.

— Realmente? Como ele era? — perguntou Rita sorrindo.

— Como uma luz brilhante. Ele não falou muito, mas me levou para o céu com ele.

O sorriso de Rita desapareceu. Ela não tinha levado Sarah à igreja com muita freqüência e a criança não sabia muita coisa a respeito de Jesus. Por que Sarah o teria descrito como uma "luz"?

— Conte-me sobre o céu — disse Rita.

— É um lugar ótimo para crianças, mamãe — respondeu Sarah. — Tem pirulitos e casas de boneca. Jesus se sentou em uma nuvem e ficou me vendo brincar. Depois, ele disse que estava na hora de ir para casa.

— E vocês vieram?

— Sim. Ele ficou no meu quarto e me segurou um pouquinho — disse Sarah. — Depois, ele voltou para o céu.

Alguns anos se passaram e a experiência de Sarah não aconteceu novamente. Porém, às vezes, quando ela está com medo do escuro, "ela diz que sabe que Jesus a está segurando, e adormece rapidamente", conta Rita. A fé da sua filha tem comovido seu coração.

Certa noite, um ouvinte telefonou para a estação de rádio KRLD, em Dallas, quando o entrevistador e eu estávamos falando sobre intuições espirituais das crianças.

— Bobby, nosso único filho, estava com quase três anos quando a minha esposa teve um aborto involuntário — disse ele aos outros ouvintes. — Naquela tarde, como ela precisava passar a noite no hospital, levei Bobby para vê-la. Nós não tínhamos falado com ninguém sobre a gravidez ou sobre a perda. Bobby só sabia que mamãe estava doente.

No instante em que Bobby entrou no quarto da mãe dele no hospital, subiu na cama e olhou para ela com terna preocupação.

— Não fique triste, mamãe. — Afagou com delicadeza o rosto dela. — Em um ano você vai ter um outro bebê.

Chocado, o casal se entreolhou. Como Bobby poderia ter sabido da situação?

— Ele nunca responderia às minhas perguntas — explicou o pai de Bobby. — Mas, um ano depois — na data exata —, minha esposa deu à luz uma saudável filha.

William Coughlin tinha estado doente durante muito tempo e seus seis filhos adultos ficaram entristecidos, mas não surpresos, quando sua mãe os chamou para se reunirem à cabeceira do pai pela última vez. Pouco a pouco eles foram chegando, com suas esposas e seus filhos. Algumas das crianças mais velhas ficaram um pouco hesitantes em abraçar o vovô, mas Erin Murphy, de quatro anos, não teve tais inibições.

— Oh, vovô, eu o amo tanto! — declarou ela enquanto o abraçava.

Durante as últimas horas de William, após os netos terem sido colocados na cama, a família entoou canções — "Nas Asas das Águias", "Não Tenha Medo" — e se despediu tranquilamente. Quando William morreu, uma serenidade encheu o quarto. Apesar do luto, todos sabiam que ele encontrara a paz e o descanso.

Por que milagres acontecem

Na manhã seguinte, Peggy Murphy foi dar a notícia às suas três filhas pequenas, que tinham adormecido no chão da sala da família.

— Tenho uma coisa para dizer a vocês — ela começou, gentilmente enquanto as crianças acordavam.

Mas Erin também tinha notícias.

— Você não precisa me dizer, mamãe. Eu já sei — disse ela. — Vovô foi para o céu na noite passada.

— Está certo — concordou Peggy, acenando com a cabeça. — Mas como você sabia?

Erin pareceu surpresa de que alguém pudesse perguntar.

— Eu o vi partindo — disse ela simplesmente. — Ele não olhou para mim, mas passou bem perto. Estava sorrindo e feliz.

Sorrindo e feliz... Como Peggy queria acreditar nisto!

— Ele estava sozinho? — perguntou.

Erin apontou para uma imagem de Jesus na cozinha.

— Não. Vovô estava com *Ele*. Eles saíram voando juntos pelas portas do pátio.

Para a família Coughlin, foi um presente final. Como acontece tão freqüentemente, uma criancinha o havia entregado a eles.

Deus Sabe Onde Estamos

Suponha que você plante um jardim e que após alguns dias não veja resultados. Você o escava novamente? Não, porque sabe que muitas coisas estão acontecendo que você não consegue ver. Acontece o mesmo com Deus.

— DR. CHARLES STANLEY, PASTOR,
PRIMEIRA IGREJA BATISTA, ATLANTA, GEÓRGIA

Quando Art Cooney foi ordenado frei capuchinho em 1976, estava plenamente preparado para a vida de missionário. Ele viajaria para onde o enviassem, feliz por pregar a palavra de Deus para pessoas famintas de esperança. Ele viajou para diversos países e gostava muito do seu trabalho. Então, enquanto morava temporariamente em Saginaw, Michigan, conheceu Marge Fobear e Nancy Kawiecki em uma reunião carismática de oração. As mulheres tinham um ministério de cura e, freqüentemente, impunham as mãos sobre aquelas pessoas que estavam doentes. Os três começaram a rezar juntos para apoiarem o trabalho uns dos outros.

Finalmente, frei Art foi designado para uma missão em um posto na Nicarágua. Marge e Nancy lhe asseguraram que rezariam por ele regularmente enquanto ele estivesse lá. Outros amigos e parentes prometeram enviar correspondência e mensagens de carinho. Sua mãe lhe deu um cartão no qual se lia: "A vontade de Deus nunca o conduzirá para onde a Graça de Deus não o possa encontrar."

Porém, quando frei Art chegou ao seu novo posto, logo esqueceu a afetuosa despedida, pois aquela parte da Nicarágua era extremamente primitiva. A única estrada pavimentada terminava em sua cidade, chamada Muelle de los Bueyes, literalmente "lugar onde os bois atravessam". E eles faziam isso.

— Tudo parecia ter saído diretamente do Velho Oeste — recorda-se o frei. — Os fazendeiros e os rancheiros iam para a cidade no lombo dos cavalos, alguns levando seis revólveres. Havia tiroteios em frente ao bar e o gado atravessava a cidade. Achei que tinha voltado no tempo uns 100 anos.

Mais desencorajadora era a comida — com muita freqüência arroz e feijão. Misturados, tinham o nome de *gallopinto*, mas o frei não se enganava. Após algumas semanas, ele começou a sonhar com hambúrgueres.

O tempo passava e não chegava nenhuma correspondência de casa. E embora os nicaragüenses fossem calorosos e amistosos, o frei começou a se sentir desamparado. Por que tinha ficado preso nesse lugar primitivo? Onde estava todo aquele apoio que seus amigos haviam prometido? O isolamento social era difícil, porém muito mais miserável era sua crescente solidão espiritual. Ele nunca se sentira abandonado por Deus, mas, agora, "parecia que Deus havia me jogado no meio da selva e se esquecido de mim". Ele sempre lia a mensagem no cartão de oração que sua mãe tinha lhe dado. Onde estava agora aquela graça prometida?

Apesar da infelicidade de frei Art, havia trabalho a ser feito. Sua nova paróquia compreendia 40 comunidades rurais, a maioria acessível apenas por cavalo ou mula.

Então, ele planejou uma viagem missionária de 10 dias para muitas delas. Separando apenas o que ele e seus guias poderiam arrumar nos alforjes e embrulhando suas roupas em plástico para mantê-las secas nos aguaceiros tropicais, ele partiu. Ele e seus guias visitaram diversas pequenas aldeias, tomando banho nos rios e oficiando serviços noturnos à luz de lanterna. Era para o que ele havia sido enviado, e poderia ter sido arriscado e até mesmo divertido. Mas o coração do frei estava pesado. Ele ainda não havia recebido nenhuma carta de casa. E Deus parecia mais distante que nunca.

Então, no quinto ou sexto dia na trilha da selva, o cavalo do frei assustou-se e empinou. O frei agarrou-se à sela, mas o animal caiu, deixando-o preso embaixo.

— Minha perna estava embaixo do cavalo e meu pé esquerdo ficou preso no estribo — disse ele. — Eu não conseguia me soltar e comecei a entrar em pânico quando o cavalo começou a rolar de um lado para o outro em cima de mim, tentando se endireitar.

Ele sabia que se o cavalo ficasse em pé, poderia sair correndo, arrastando-o atrás. Que poderia ser atirado contra as árvores e morrer ou, pelo menos, ficar seriamente machucado. Naquele local isolado, não havia nenhum médico — quem poderia cuidar dele?

— Senhor! — gritou ele. — Ajude-me!

Instantaneamente uma profunda paz se estabeleceu ao seu redor, como um cobertor quente. Por quê? Porque Deus estava com ele, bem ali, naquele lugar inóspito! Ele sabia disso! E ele ficaria bem, apesar do animal que ainda se debatia sobre ele.

— Além disso, de repente percebi que não havia sido abandonado por ninguém, nunca — diz ele. — Havia pessoas rezando por mim, muitas pessoas, e eu *senti* aquele apoio.

Agora, os guias estavam tentando acalmar o cavalo. Gradualmente, eles o conseguiram, e ergueram o frei. Ele se esfregou, sentindo cuidadosamente seus braços e, em especial, as pernas. Surpreendentemente, nem ele nem o cavalo estavam feridos. Tudo estava bem, exatamente como ele havia sentido.

O frei terminou a viagem e retornou ao trabalho em Muelle de los Bueyes com o coração muito mais leve. Porém, passaram-se algumas semanas antes que ele pudesse perceber o pleno significado daquele momento de graça na selva. Finalmente chegou uma carta de suas guerreiras da oração, Marge e Nancy, contando uma história estranha.

— Estávamos a caminho do hospital para rezarmos com uma amiga doente — escreveu Marge. — Tínhamos acabado de entrar em um estacionamento quando Nancy sentiu uma dor aguda na sua perna esquerda, perto da coxa. Era tão intensa que quando ela abriu a porta do carro não conseguiu se levantar ou sair. Nada parecido com isso jamais havia lhe acontecido.

As mulheres começaram a rezar em idiomas pouco conhecidos. Porém, enquanto continuavam, uma estranha sensação se apossou de Nancy.

— Isto não tem a ver comigo — disse ela a Marge. — Acho que é o Art. Ele está com algum tipo de problema.

As duas continuaram a rezar — agora pelo frei Art —, durante cerca de cinco minutos. Abruptamente, a dor de Nancy passou e as mulheres prosseguiram, para visitar a amiga.

Agora, Marge tinha algumas perguntas.

— O que aconteceu com você? — escreveu ela. — E como está a sua perna?

A garganta de frei Art foi ficando embargada enquanto ele olhava seu calendário. Porque as orações das mulheres no estacionamento casavam perfeitamente com o dia, com o *momento* exato, do seu acidente na selva, a meio mundo de distância.

— É difícil descrever o quanto aquela carta significou para mim e como ela fortaleceu minha fé — diz o frei Art.

De fato, Deus sabia onde estava cada um dos Seus filhos, e Sua graça era ampla para as necessidades deles. O cartão de oração estava correto.

Criador de Sonho

Deus a escolheu como um modelo para os outros anjos.
— EPITÁFIO EM UM CEMITÉRIO INGLÊS

— Nem todo mundo sabe o que significa um verdadeiro bom amigo — diz Joni Loughran, de Petaluma, Califórnia. Mas ela sabe. Foi no segundo ano do ginásio que ela e a ruiva Patty McNamara se conheceram, na aula de geometria, e experimentaram aquela ligação instantânea e especial que é difícil de descrever, mas tão importante quando ocorre.

Patty era uma "pessoa pública", vibrante, sociável e amada por muitas pessoas, com pais indulgentes e um adorável irmão mais velho, Rich. Em contraste, Joni era retraída, contemplativa e tímida.

— Patty tinha um lugar muito especial em meu coração porque, de imediato, eu me senti totalmente à vontade com ela — explica Joni. — Ela me aceitou sem julgamentos; não me lembro de nenhum dia em que tenha ferido meus sentimentos.

Uma noite, quando as moças refletiam sobre seu relacionamento, conversaram a respeito de quão difícil seria a vida de uma sem a outra.

— Nós até mesmo dissemos que se alguma coisa acontecesse para uma de nós, a outra seguiria — recorda-se Joni. — Foi um momento comovente, especialmente para duas adolescentes.

Quando amadureceram, embora Patty finalmente tivesse se mudado para longe, elas permaneceram em contato íntimo. Quando estavam com 23 anos, Joni se casou em uma rápida cerimônia com apenas sua família presente. Ela aguardava ansiosamente para contar a Patty tudo sobre o casamento, em um longo e satisfatório telefonema interurbano tão logo a vida voltasse ao normal. Porém, uma semana após o casamento, o irmão de Patty, Rich, telefonou.

— Joni, recebi notícias terríveis... — começou Rich.

Ele parecia entorpecido, como se estivesse anestesiado.

— O que aconteceu, Rich?

— É a Patty. Ela... Esta noite, ela estava sentada na traseira de um caminhão, voltando para casa com amigos, de uma quermesse municipal, segurando um urso de pelúcia que o namorado tinha ganho para ela... — O caminhão caiu em uma vala estreita e Patty foi atirada para fora, batendo com a cabeça em uma pedra. — Ela veio para a sala de emergência, em coma, mas... — Um soluço abalou Rich. — Joni, ela acabou de morrer.

Incrédula, Joni desligou o telefone. Não podia ser! Não Patty! Mas a angústia de Rich transmitira certeza. Enquanto as lágrimas desciam pelas suas faces, Joni sentiu uma parte de si mesma morrendo também.

As semanas seguintes foram torturantes. Incapaz de se expressar com facilidade para as pessoas, Joni lamentava em silêncio, com seu coração totalmente dilacerado. Seu marido não podia compreender a magnitude da perda e sugeriu que ela "acabasse com isso."

— Devido a esta falta de apoio, o fardo era só meu — disse Joni —, mas eu estava deprimida. Não fui ao funeral, e estúpido quanto possa parecer, durante algum tempo fiz de conta que ela não havia morrido. Eu não tinha condições de lidar com a perda.

Semanas se arrastaram, e Joni ficou ainda mais deprimida. Estava convencida de que, já que ela e Patty tinham prometido permanecerem juntas, alguma coisa estava fadada a lhe acontecer também, talvez uma batida de carro, ou uma terrível doença. Solitária e inconsolável, ela esperava pelo fim.

Um dia, diversas semanas após o acidente de Patty, Joni despertou com uma sensação de alguma coisa prolongada. Tinha sonhando, e de algum modo sabia que fora um sonho *importante*. Patty não tinha estado lá, mas um mensageiro lhe falara no sonho, contando algo bastante importante... Joni tentou se lembrar enquanto caminhara pelo corredor, mas era como agarrar fragmentos de nuvem. Depois, ela parou como se tivesse sido atingida delicadamente no alto da cabeça.

— De repente, lembrei-me de todo o sonho, em cada detalhe —Joni afirmou. — Um anjo tinha vindo me dizer muito claramente que Patty queria que eu soubesse que ela estava muito bem. Eu a veria no momento devido, mas não iria estar com ela agora.

O mensageiro tinha explicado que Joni precisava permanecer neste mundo, porque estava grávida há pouco tempo e precisava criar o filho.

Grávida! Joni não havia considerado a possibilidade. E o anjo tinha dado a notícia com grande alegria, com a dedução de que Patty estava feliz com isso.

Porém, o que um sonho *realmente* significava? Joni se perguntava enquanto se dirigia para um curso que ela estava fazendo. Não eram os sonhos apenas fantasia ou pedaços restantes, sem significado, do dia? E se Patty estava verdadeiramente lhe enviando uma mensagem do céu, por que Deus não a enviou, em vez de um anjo? Contudo, Joni recordou-se da sensação de profunda convicção espiritual que a enchera quando estava parada no corredor, a sensação de que podia confiar nas palavras do anjo.

Naquela noite, Joni adormeceu com facilidade, e no meio de noite o sonho surgiu novamente. Porém, desta vez, a própria Patty estava parada em frente a Joni. Parecia radiante, animada, consciente do luto contínuo de Joni e, contudo — agora que Joni compreendia que precisava permanecer na Terra —, pronta para consolá-la.

— Está tudo bem — disse Patty. — Sei que você está triste, Joni, mas não precisa ficar. Está tudo bem comigo. E você vai ser mãe!

— Mas sinto tanta falta de você. — Joni sentiu como se fosse chorar novamente.

Patty sorriu.

— De agora em diante, sempre que você precisar me ver, simplesmente encontre-me nos seus sonhos.

Em seus sonhos. Agora, a visão estava desaparecendo, e Joni acordou. Seria isso possível? Alguma coisa disso seria real e não apenas uma invenção da sua mente exausta?

Alguns dias mais tarde, Joni visitou seu médico. De fato, ela estava esperando uma criança, disse-lhe o surpreso doutor, embora ela ainda não tivesse experimentado nenhum sintoma de gravidez. Quase exatamente nove meses depois, seu filho Travis nasceu.

— Gostaria que Patty não tivesse partido tão cedo, e ainda sinto falta dela, embora 20 anos tenham se passado — diz Joni hoje.

Porém, os sonhos com ela continuam, não necessariamente "em sucessão", mas com uma freqüência suficiente para Joni saber que ela e Patty ainda estão ligadas e que aquela recuperação de fato aconteceu.

— Meus sonhos atuais nunca são sobre mim e Patty sentindo falta uma da outra — diz ela. — Estão principalmente integrados com as situações da minha vida atual, tais como Patty estando na graduação do meu filho ou Patty vendo minha nova casa. Ocasionalmente, os sonhos nos levam de volta aos nossos anos de adolescência e nós revivemos um acontecimento. Os sonhos mudam o foco, mas, evidentemente, Patty parece a mesma. Ela não envelheceu.

Patty prometera que ela e Joni se encontrariam nos sonhos de Joni, e ela tem mantido aquela promessa. Como? Joni não tem certeza.

— Suspeito que o desejo ou a necessidade desses encontros nasce em algum lugar que não é a minha mente consciente — pondera ela. — É um lugar que responde a uma saudade do coração e que transcende tempo e espaço, um porto para encontro dos espíritos.

Um lugar, pensa ela, muito parecido com o céu.

Visão Natalina de Erin

Defenda, Senhor, esta criança, com Sua graça celestial, para que ela possa continuar Sua para sempre.

— LIVRO DE ORAÇÕES

Kathy e Mike Felke, de um subúrbio a noroeste de Illinois, ficaram emocionados com o nascimento de sua segunda filha, Erin, em 1978. Porém, diferentemente de sua irmã mais velha, Kate, Erin parecia frágil. Embora tenha andado cedo, ela preferia ser carregada.

— Todo mundo achava que ela era um bebê excepcionalmente bom, porque estava sempre sentada no meu colo e dormia muito — diz Kathy, uma higienista dental profissional. — Na verdade, ela pegava todas as doenças que passavam por perto, especialmente infecções de ouvido. Eu conhecia o suficiente a respeito de saúde para perceber que alguma coisa estava errada.

Repetidamente, Kathy e Mike mencionavam ao pediatra sua preocupação com relação a Erin. Porém, os exames de sangue não revelavam nada. Finalmente, o médico disse a Kathy que ela era apenas "uma mãe superpreocupada".

Em 23 de dezembro de 1980, Erin, com dois anos de idade, parecia extraordinariamente apática. Ela mal tocara o café da manhã, e, em seguida, adormeceu no sofá. Kathy olhava para ela.

— Eu quase podia ver as veias sob sua pele — diz ela —, e as sombras ao redor dos seus olhos eram tão escuras quanto seu cabelo.

Kathy telefonou para o sócio do seu pediatra e insistiu em uma consulta imediata.

O novo médico examinou Erin.

— Há quanto tempo ela está assim? — perguntou ele abruptamente.

Kathy pensou.

— Há mais de um ano. Mas os exames não revelaram nada.

— Quero um exame de sangue minucioso no hospital — disse ele, apanhando o telefone. — Leve-a para lá imediatamente.

Kathy assim fez. Na manhã seguinte, véspera de Natal, o médico telefonou.

— Tenho algumas más notícias — falou. — Erin está gravemente enferma. Pode ser anemia aplástica ou leucemia.

O coração de Kathy pareceu parar.

— Consegui um quarto particular no Centro Médico Loyola — continuou o médico. — O chefe da hematologia de lá irá assumir o tratamento de Erin. Você pode levá-la bem cedo, no dia 26. — Ele parou, depois suspirou. — Ela pode muito bem passar o Natal em casa.

Kathy não deixou de perceber o tom de desesperança em sua voz. Arrasada, contou a Mike e depois começou a telefonar para os membros da família.

Na manhã seguinte, Kathy corajosamente vestiu Erin com seu blusão vermelho, no qual a avó de Erin tinha colocado um broche dourado com a figura de um anjinho. Foram até a paróquia do Espírito Santo, em Wood Dale, e entraram na sacristia, onde o padre Tom White estava se paramentando, para revelar a ele o que acontecera.

O padre White escutou. Ele abençoou Erin e acrescentou o nome dela à lista dos paroquianos doentes que receberiam orações durante a missa de Natal. E embora os Felke ainda não o tivessem percebido, jogou fora a homilia que havia preparado.

— Eu faço muito isso — diz hoje o padre White. — Às vezes, tudo o que planejei dizer muda em um instante.

Alguns momentos depois, o padre White estava diante de uma igreja lotada. Olhando para baixo, ele viu, na fila da frente, Erin cochilando no colo de Kathy.

— A vida não é fácil — começou ele. — Às vezes, somos presenteados com coisas que não conseguimos aceitar, situações grandes demais até mesmo para compreender. E ficamos furiosos com Deus por causa disso. — Ele começou a andar de um lado para o outro em frente à congregação. — Durante aqueles momentos, Deus compreende como nos sentimos — e é justificável termos raiva Dele. Mas também temos de nos lembrar que não precisamos nos acomodar e aceitar a situação.

O padre White olhou para os Felke na primeira fila.

— Não. Quando somos presenteados com o sofrimento, Ele quer que *lutemos*! Precisamos usar a fé que nos foi dada!

No caminho da igreja para casa, Kathy e Mike concordaram que o padre lhes tinha dado esperança. No dia seguinte a batalha iria começar.

Pela manhã, Kathy empacotou o lençol, a cadeirinha e o prato especial de Erin, e desenhos de Kate para pendurar perto da cama dela.

— Talvez eu estivesse negando, mas queria que tudo fosse o mais normal e familiar possível — diz ela.

Uma equipe de médicos encontrou-as no hospital. Quando descobriram que a hemoglobina de Erin tinha diminuído para 4,5 (a taxa normal é entre 11 e 15), o ritmo se intensificou. Um exame da medula óssea revelou que o corpo de Erin estava produzindo células vermelhas, mas alguma coisa as estava destruindo quase imediatamente. Mas, o quê?

Kathy e Mike fizeram extensos históricos familiares. O uso de pesticidas, as alergias deles, os antibióticos para combater as constantes infecções de ouvido de Erin — os especialistas examinaram tudo, procurando pistas. E tudo levou a um beco sem saída. Três dias depois, ainda não havia nenhum diagnóstico, nenhum tratamento recomendado.

Kathy recusou-se a ir para casa. Então, as enfermeiras trouxeram uma cama para ela.

— Em um determinado momento, uma enfermeira me disse que um grupo de oração estava reunido na sala de recreio e queria me ver — disse ela.

Kathy saiu para encontrar aquelas pessoas.

Elas disseram que haviam ouvido falar a respeito de Erin e tinham vindo rezar por ela, mas não se apresentaram e eu jamais vira nenhuma delas antes.

O grupo se ajoelhou em círculo, com Kathy no meio, e rezou fortemente pela cura. Kathy compreendeu que as pessoas estavam lutando, lutando por uma criancinha que nem ao menos conheciam. Porém, ficar longe de Erin a deixava preocupada, e ela não permaneceu ali muito tempo. Da outra vez em que saiu do lado de Erin, o grupo já havia ido embora.

Na noite do dia 28, Erin estava dormindo quase o tempo todo. Quando o médico chegou, ele balançou a cabeça.

— Seria melhor você se preparar — disse ele gentilmente a Kathy. — Nós a estamos perdendo. A única possibilidade que resta é uma transfusão de sangue para mantê-la viva um pouco mais. Mas não podemos encontrar um doador compatível imediatamente.

— Tire meu sangue!

Mas Kathy já sabia que não era compatível.

— Olhe, Sra. Felke — continuou o médico —, o nível de oxigênio de Erin está caindo. Portanto, acho que a senhora precisa enfrentar...

— Não!

Ela não conseguia! O médico saiu em silêncio. À meia-noite, um sacerdote apareceu, orou por Erin e a ungiu. Kathy compreendeu que todos lutavam por Erin: Mike em casa, com Kate; o padre White; a equipe do hospital e todas as pessoas que estavam rezando. Ela podia estar solitária, mas ela e Erin não estavam sozinhas. Observou atentamente sua filha. *Lute, Erin, lute.* Cada respiração, cada batimento cardíaco era uma pequena vitória.

Porém, agora, a pele de Erin estava quase transparente; seus olhos, rodeados por sombras. Uma névoa parecia estar caindo sobre ela, como se a vida estivesse indo embora, cada vez mais tênue, enevoada...

Subitamente, à uma e meia da madrugada, Erin abriu os olhos. Parecia consciente, *presente*. Kathy ficou surpresa.

— Luzes, mamãe. Luzes! — sussurrou Erin com o olhar fixo em alguma coisa acima da cabeça de Kathy. Kathy se virou, mas não viu nada no quarto escuro.

Virando-se novamente, Kathy sussurrou:

— Onde estão as luzes, querida? O que você está vendo?

Erin parecia emocionada.

— Sinos, mamãe! — gritou ela, com a voz ligeiramente mais forte. — Luzes e sinos!

Os corredores do hospital estavam completamente em silêncio. A pele de Kathy se arrepiou. O que Erin poderia estar ouvindo? Estaria alucinando? Não, parecia extremamente alerta.

Agora, Erin sorria. Erguendo a mãozinha, apontou para o canto do quarto.

— Senhoras bonitas, mamãe. Você as vê? — Em seu rosto havia uma expressão de alegria.

Senhoras bonitas... Kathy teve medo de se virar. O que veria? Ela havia ouvido falar que os anjos vêm para levar as pessoas de volta ao céu. Era aquilo o que estava acontecendo? Erin estava vendo anjos?

Não! De repente, o coração de Kathy pareceu se romper. Ela compreendeu que ainda não tinha lutado — outras pessoas tinham feito isto por ela. Mas, agora, era sua vez! *Oh, Deus, anjos, não a levem!*, ela rezou silenciosamente. *Levem-me — não ela. Ela nem sequer começou a viver. Por favor, por favor.*

Uma enfermeira entrou no quarto.

— Encontramos um sangue razoavelmente compatível — disse ela a Kathy.

— Vamos começar uma transfusão bastante lenta. Você precisa observar cada gota, para o caso de começar a coagular.

Kathy olhou de volta para Erin. Os olhos de sua filha estavam se fechando novamente. Mas um sorriso permanecia nos lábios dela.

Kathy permaneceu atenta o resto da noite, observando as gotas mínimas descendo pelo tubo e entrando em sua filha. A transfusão funcionaria? Se não, Kathy sabia, não havia outras opções.

Visão Natalina de Erin

Naquela manhã, bem cedo, enquanto Erin ainda estava dormindo, Mike chegou. Então, ele também testemunhou o início do milagre.

— Ela acordou e nós dois simplesmente olhamos para ela — diz Kathy.

Havia cor nos lábios de sua filha. As bochechas de Erin estavam cor-de-rosa, não mais cinza.

— Você acha que gostaria de um café da manhã? — perguntou Kathy.

Erin acenou afirmativamente.

À noite, a hemoglobina dela havia aumentado misteriosamente para oito.

— Não sabemos o que aconteceu — o médico falou aos Felke. — Mas a transfusão deve ter funcionado, porque Erin parece muito bem. Ela pode até ir para casa agora.

Erin continua saudável. Agora, uma ativa adolescente, ela faz um minucioso exame de sangue todos os anos, mas nenhum problema surgiu. Entretanto, devido ao fato de Erin ter deixado o hospital com sua condição descrita como "não diagnosticada", até muitos anos depois, Kathy e Mike não tiveram consciência da total extensão do que havia acontecido.

— Quando nós nos mudamos e trocamos de médicos, eu trouxe os registros de Erin para nosso novo pediatra — diz Kathy. — Ele se interessou e fez algumas pesquisas.

Kathy diz que só então ficou sabendo que a doença de Erin era uma forma rara de anemia, que naquela época se mostrara fatal para seis dos únicos sete americanos que tinham sido diagnosticados com ela. Não havia nenhum tratamento então, e embora transfusões de sangue tenham sido tentadas em outros casos, nunca funcionaram.

Kathy aprendeu muito com esse difícil episódio, especialmente sobre Deus e o poder da oração.

Por que milagres acontecem

— Não sei por que Ele curou Erin e não uma outra criança cujos pais amavam e por quem rezaram tanto quanto eu — diz ela. — Mas agora sei que está tudo bem em ficar furiosa com Ele. Ele não guarda ressentimentos, e Ele realmente compreende.

E Kathy sabe que quando Sua luz abre caminho em nossa escuridão, ela pode vencer até mesmo a própria morte.

Visões Celestiais

Trazemos dentro de nós os prodígios que buscamos fora de nós.

— SIR THOMAS BROWN, *RELIGIO MEDICI*

No clima atual de signos e prodígios, as visões têm um interesse especial. Dois tipos que ocorriam em tempos bíblicos também são freqüentemente relatados agora. Um é uma visão *interior*, uma cena ou acontecimento percebida com os olhos do espírito e não com os olhos físicos. O outro, é uma aparição real, quando o sobrenatural se introduz na vida cotidiana por motivos que talvez só Deus saiba.

Um domingo, quando estava rezando em uma igreja, Diane Alfred, de Tallahassee, na Flórida, teve uma visão. Ela disse que, sem qualquer aviso:
— Uma imagem do meu filho Jeremy relampejou diante dos meus olhos. Ele estava em seu carro, correndo em uma estrada de duas pistas, da Geórgia. Outros carros apareceram nessa cena e o medo se apoderou de mim. — Diane começou a rezar intensamente: — Deus, proteja meu filho. Deus, proteja meu filho. — Ela tinha certeza que Jeremy estava correndo um grande perigo.

Subitamente, Diane se sentiu como se estivesse voando. Agora, ela estava flutuando sobre o carro de Jeremy; em seguida, atravessando a capota. Viu seu filho ao volante, enquanto asas emplumadas o envolviam em um suave abraço. Diane olhou para a direita, onde estava sentada a namorada de Jeremy. Observou quando uma das asas se estendeu para envolver também a moça.

— Era quase como se eu estivesse *dentro* do anjo, olhando para a cena através dos olhos dele — comentou ela.

Depois, Diane ouviu o guincho de pneus, a batida de metais, gritos...

Lentamente, a cena foi desaparecendo, e ela percebeu que ainda estava na igreja, ainda implorando, rezando de joelhos, enquanto todas as outras pessoas estavam de pé. Como podia ter perdido o contato com seu ambiente, sentido como se tivesse realmente sido transportada através do espaço? Diane levantou-se, abalada e confusa.

Mais tarde, em casa, ela ainda estava confusa com relação ao episódio. Deveria tentar alcançar Jeremy? De repente, o telefone tocou. Era seu filho mais velho, Jason.

— Mamãe — disse ele —, não fique agitada. Todos estão bem. Mas Jeremy e sua namorada tiveram um sério acidente de carro esta manhã. Foi em uma movimentada auto-estrada de duas pistas da Geórgia.

Diane apertou o telefone na mão.

— A que horas isso aconteceu? — perguntou.

Mas ela já sabia. O acidente ocorrera no exato momento em que ela havia recebido a visão do filho. De algum modo, suas orações tinham convocado o anjo que o protegeu e à sua acompanhante.

A Dra. Candace Williamson Murdock, de Rome, Geórgia, acabara de ter um aborto involuntário. Na noite após haver retornado do hospital, ela permaneceu acordada, inquieta e aborrecida. O bebê não tinha sido seu primeiro, mas, como todos os filhos, era insubstituível, e ela lamentava profundamente sua perda.

— De repente, uma cena apareceu bem à minha frente — como se fosse em uma tela de cinema — relata Candace. Ela piscou os olhos, mas a visão permaneceu.

Era um verde e ensolarado prado. No meio, havia cães brincando e perseguindo uns aos outros, movendo-se em direção ao lado direito.

— Os cachorros pareciam um tanto familiares — diz ela. — De repente, percebi que eram os cães de estimação da nossa família, os cães da minha infância!

Depois, observando atentamente, Candace viu seu pai correndo para o centro da cena, os cães saltando alegremente em sua direção. Seu pai havia sido morto em um desastre de avião sete anos atrás. Ele tinha criado cachorros, e sempre os amou.

Depois, Candace percebeu que seu pai não estava sozinho. Ele segurava a mão de uma criancinha loura. Eles estavam olhando para a direita. O pai de Candace parecia estar apontando para alguma coisa, como se estivesse explicando o que ela era — e ambos estavam sorrindo. Instantaneamente, Candace soube que aquela criança era o bebê que ela acabara de perder. Obviamente seu pai estava recebendo a criança no céu, e Deus permitira que ela testemunhasse isso para que ela se consolasse.

— Não posso explicar o quanto de consolo tal visão me trouxe — diz Candace. — Eu nunca havia experimentado nada assim, nem teria retratado o céu desta maneira, mas eu *não* estava alucinanda. Saber que meu filho, meu pai e seus amados cães estavam todos juntos foi a melhor resposta à oração que eu poderia ter pedido. Deus realmente cuida.

O reverendíssimo Robert R. Shahan, bispo da Diocese Episcopal do Arizona, lembra-se de quando ele e outras pessoas estavam entrevistando sacerdotes para uma determinada atividade na igreja. A cada candidato era pedido que descrevesse a experiência espiritual mais profunda que já tivesse tido. O Bispo Shahan diz que uma das histórias foi especialmente difícil de esquecer.

Naquela manhã de domingo, a igreja estava cheia e o padre acabara de subir ao púlpito para começar seu sermão. Casualmente, ele olhou para o bonito teto arqueado e seu coração pareceu parar. Bem acima da congregação, em um canto sobre a galeria do coro, flutuavam dois enormes anjos vestidos de branco.

O padre ficou ofegante, mas depois recuperou a tranqüilidade — anos de treinamento diante de uma platéia tinham sido úteis. Porém... realmente havia alguma coisa *lá*? Discretamente, olhou de novo para cima. Sim! Criaturas magníficas, gloriosas e brilhantes. Uma delas com sua mão erguida como se estivesse abençoando a congregação.

Mas não podia ser. Por que os anjos agraciariam *sua* igreja? Ele era apenas uma pessoa comum... Rapidamente, o padre dirigiu seu olhar de volta ao seu texto previamente preparado. Devia ser uma ilusão, pensou ele, pois a congregação estava tão quieta e atenta como de hábito. Com certeza, se alguma coisa estivesse realmente *lá em cima*, alguma outra pessoa também a teria visto. E, aparentemente, ninguém havia visto.

Ele precisava de férias. Era isso. Ele iria concluir o serviço o mais rapidamente possível, depois telefonar para seu bispo e pedir uma licença para descansar e se recuperar. Apressou-se para o final da sua homilia e depois retornou ao altar. Quando espreitou o teto novamente, as figuras haviam desaparecido.

O serviço parecia interminável, mas quando acabou, o ritmo cardíaco do padre quase voltara ao normal, e ele caminhou calmamente para os fundos da igreja para cumprimentar a congregação. Em fila, seu rebanho passou, extraordinariamente falante e vibrante.

— Que serviço adorável, padre!

— A igreja parecia especialmente interessante hoje.

Os comentários eram calorosos, encorajadores. Se elas ao menos soubessem, essas pessoas queridas que tinham tanta fé em sua liderança...

O fim da fila já estava à vista e, finalmente, só restava uma senhora idosa. Ela se aproximou e pegou a mão dele.

— Você parecia um pouco distraído hoje, padre, no início da sua homilia — disse ela.

— Bem, sim. — Ele sorriu. — Mas não era nada, realmente.

— Oh, mas acho que era. — A mulher se inclinou em sua direção. O ar em torno deles parecia carregado de eletricidade, como se eles estivessem sozinhos em um círculo de amor. Então, ela sorriu e diminuiu o tom de voz. — Você também os viu, não foi? — disse ela.

Joan Clayton, de Portales, Novo México, estava preocupada com a moça com quem seu filho Lane iria se casar. O jovem casal parecia discutir constantemente.

Por que milagres acontecem

Uma pequena incompatibilidade é normal em qualquer relacionamento, ponderava Joan enquanto ela e o marido voltavam para casa depois de um fim de semana no *campus* da universidade de Lane. Porém, seu filho e sua futura nora discordavam em *tudo*, sempre, desde o início do relacionamento deles. Agora, Joan se inclinou para trás e fechou os olhos.

— Senhor — rezou ela silenciosamente —, se esta não for a moça certa para o Lane, por favor, envie a certa para a vida dele.

Imediatamente, Joan experimentou uma vívida visão interior de duas moças. Embora a da esquerda fosse apenas uma silhueta indistinta, Joan a reconheceu como a noiva de Lane. A moça sorridente na direita, entretanto, Joan nunca tinha visto antes. Era uma bonita loura de olhos azuis, deslumbrante e alegre — em cores vivas.

A cena durou pouco, mas foi o tempo suficiente para Joan saber que não havia sido apenas imaginação dela.

— Há alguma coisa que acontece em seu espírito, talvez uma consciência do senso de oportunidade de Deus... é difícil de explicar, mas você sabe que não é uma experiência comum — Joan comentou.

Durante os meses seguintes, ocasionalmente Joan pensava sobre a visão e ficava imaginando qual o significado dela. Com certeza, não deveria levar isso muito a sério, especialmente porque os planos de casamento do filho estavam em pleno andamento. Entretanto, duas semanas antes do grande acontecimento, a noiva de Lane cancelou o casamento. Lane ficou arrasado.

Dois anos depois, os Clayton foram até o *campus* de Lane para assistir à sua graduação na universidade.

— Quando chegamos ao quarto dele, ele nos pediu para esperarmos enquanto ia buscar uma amiga — lembra Joan.

Quando Lane voltou com sua amiga, Kari, Joan ficou boquiaberta. Era a moça loura de olhos azuis que ela vira em sua visão dois anos antes.

Hoje, Kari é nora de Joan e mãe dos seus netos.

— Ela é a moça mais maravilhosa do mundo inteiro — diz Joan —, e todas as pessoas que a conhecem concordam que ela veio diretamente do Senhor.

Vallorie Neal tinha sido educada em um lar adorável, por seus pais, que trabalhavam arduamente para sustentar sua grande família. Porém, contra a vontade deles, ela se casou com Wayne Wood, e eles não achavam que Wayne pudesse prover a subsistência de Vallorie. Embora ela e Wayne tivessem um relacionamento maravilhoso, os pais dela ficaram um tanto afastados deles. Ocasionalmente, apareciam, em momentos inesperados, para verificar o bem-estar da filha. Depois, se retiravam, em muda desaprovação. Agora, Vallorie e Wayne tinham atingido tempos financeiros difíceis e estavam sendo despejados.

— Nosso segundo bebê estava com apenas dois meses de idade e, provavelmente, eu poderia ter ido até meus pais e pedido ajuda — recorda-se Vallorie. — Porém, não conseguia me resolver a fazê-lo, porque sabia que eles iriam pensar que nosso casamento era um fracasso.

— Em vez disso, ela e Wayne pediram emprestados 100 dólares para guardar os móveis em um depósito, e dormiram dentro do carro em uma parada de caminhões, rezando o tempo todo para que Wayne encontrasse emprego.

No terceiro dia, Wayne solicitou auxílio de emergência, e naquela noite ele recebeu o suficiente para pagar por um quarto no Motel Miron. Vallorie ficou aliviada porque sua família iria dormir em camas naquela noite, mas ainda estava preocupada por não manter contato com sua gente. À meia-noite, ela finalmente desligou a luz.

— Deus — ela murmurou na escuridão —, preciso de alguma ajuda. Não sei como Você irá fazer isso, mas, por favor, poderia deixar mamãe e papai saberem que estou bem?

Na manhã seguinte, bem cedo, Vallorie e Wayne pegaram os bebês e saíram para tomar café.

— Não tínhamos dinheiro suficiente para um café da manhã completo — recorda-se Vallorie.

Quando voltaram, havia um bilhete na porta do quarto deles no motel: "Telefone para mim. Sua mãe", estava escrito nele.

Vallorie começou a tremer. Definitivamente, era a caligrafia da mãe dela. Mas como a Sra. Neal tinha sabido onde encontrá-los e, em particular, o quarto específico, número 25? Entretanto, quando Vallorie telefonou, percebeu quão ternamente Deus havia respondido à sua oração da noite anterior.

A Sra. Neal explicou que visitara inesperadamente o apartamento de Vallorie no início daquela semana e soube pelos vizinhos que os Wood tinham acabado de ser despejados. Nos dias seguintes, ela havia esperado um telefonema de sua filha, mas como Vallorie não entrava em contato com ela, a Sra. Neal ficara cada vez mais preocupada. Onde poderia estar a jovem família? Estariam seguros? Teriam comida e abrigo? Na terceira noite, ela estava dominada pela preocupação e precisava se arriscar.

— Mark — falou ela para o irmão mais moço de Vallorie —, por favor, dê uma volta de carro pela cidade e veja se consegue encontrar o carro de Vallorie e Wayne.

Mark já havia saído há muitas horas e a Sra. Neal estava na cama quando ouviu a porta da frente sendo aberta. Olhou para o relógio: 1h da madrugada. Teria ele encontrado a irmã? Todas as luzes se acenderam na casa, Mark entrou e ficou aos pés da cama da mãe. Parecia haver um outro homem parado na porta do quarto, embora ela não conseguisse vê-lo claramente. Talvez um amigo de Mark?

— Vallorie está no quarto 25 do Motel Miron — anunciou Mark. Ele não mencionou o companheiro ou forneceu quaisquer detalhes adicionais.

Não tinha importância. Sua filha estava em segurança — mesmo que só temporariamente.

— Obrigada, Mark — disse a mãe de Vallorie aliviada. — Vá para a cama.

Pela manhã ela decidiria o que fazer.

A Sra. Neal adormeceu rapidamente. No entanto acordou quando a porta da frente bateu. O relógio da sua cabeceira marcava 4h da madrugada. Quem...? Novamente as luzes se acenderam por toda a casa e Mark entrou correndo no quarto dela.

— Encontrei Vallorie — disse ele. — Não sei em que quarto ela está, mas o carro está estacionado no Motel Miron.

Confusa, a Sra. Neal se sentou.

— Mark, por que você me acordou? Você e seu amigo me disseram horas atrás que Vallorie está no quarto 25 do Miron.

— Não, eu não fiz isso — protestou Mark. — Estive procurando por ela a noite toda, acabei de chegar. E estive sozinho o tempo todo.

Finalmente, os Neal passaram a amar seu genro. E hoje Vallorie e Wayne têm uma vida maravilhosa e bem-estabelecida em Lithia, na Geórgia. Mas a família ainda fica maravilhada com a visão da Sra. Neal. Quem a visitou naquela noite, exatamente uma hora após a oração da sua filha, com a informação específica que ela precisava? Quem estava parado nas sombras observando a cena? Com certeza, ninguém sabe, mas Vallorie aprendeu uma valiosa lição.

— Durante aqueles tempos difíceis, eu achava que Deus havia se esquecido de mim — diz ela. — Mas o tempo todo Ele sabia onde eu estava.

Absolutamente, Nada É Pequeno Demais

A oração é um grito de dor, um pedido de ajuda, um hino de amor.

— DR. ALEXIS CARREL, CIRURGIÃO FRANCÊS

Em uma fria tarde de domingo, alguns anos atrás, David Miller, de 13 anos, e seu irmão Nicholas, de 10 anos, decidiram andar de trenó em uma montanha situada a pequena distância da casa deles na cidade de South Sioux, Nebraska. A montanha estava coberta com 15 centímetros de neve recente e trilhas tinham sido cortadas por trenós de esquiadores que os antecederam, tornando-a especialmente divertida. Os meninos e os amigos estavam tendo um momento maravilhoso, e então o desastre aconteceu. Zunindo montanha abaixo, o trenó de David bateu em uma saliência.

— Oh não! — gritou ele, enquanto tentava frear. — Meus óculos simplesmente se desprenderam!

— Uau! — Nicholas não usava óculos, mas sabia quão importantes eles eram. Ele e David precisavam encontrá-los imediatamente, antes que fossem esmagados pelas outras crianças ou enterrados até a primavera!

Os meninos procuraram durante quase uma hora, subindo e descendo a montanha de cada lado das muitas trilhas de trenó, olhando até mesmo nas margens perto da auto-estrada e na grama alta que despontava acima dos montes de neve. Não encontraram nada. Finalmente, quando a noite se aproximava, eles andaram penosamente até a casa e relataram a perda ao seu pai, Dave.

Dave é um otimista. Diácono na igreja Assembléia de Deus em South Sioux, ele é um marido e pai de quatro filhos que se considera um homem afortunado. Embora o sol já tivesse se posto, resolveu ir com os meninos olhar novamente. Com certeza, os óculos apareceriam.

Os três foram para a montanha. Porém, agora, o jovem David não se lembrava mais em que trilha estivera esquiando com o trenó, ou se os seus óculos tinham caído mais perto do topo ou da base da montanha.

— Comecei a perceber que muitos grupos de crianças tinham estado aqui o dia todo e, provavelmente, alguém já os teria esmagado acidentalmente com os pés — comentou Dave.

Quando a escuridão chegou, eles desistiram. Mas Dave decidiu tentar novamente na manhã seguinte. Usaria o detector de metais, um dos seus objetos de passatempo preferidos.

— Embora — diz ele — não funcione muito bem na neve.

Porém, na manhã seguinte, a família Miller acordou para o pior de todos os cenários. Durante a noite, tinham caído cinco centímetros de neve.

— Gosto de um desafio — disse Dave —, mas esse era certamente como procurar a proverbial agulha no palheiro.

Ainda assim, pegou um ancinho e seu detector de metais e voltou à montanha. Antes de iniciar sua cuidadosa tarefa, lembrou-se de verificar as baterias do detector de metais. Estavam descarregadas. Como poderia ser? Ele acabara de substituí-las naquela manhã.

Absolutamente, Nada É Pequeno Demais

Suspirando, Dave guardou a máquina inútil e começou a passar o ancinho. Era sua única opção. Cuidadosamente, ele trabalhou centímetro por centímetro, subindo a primeira das trilhas de trenó. Os dedos dos seus pés estavam congelando. As pessoas que passavam por perto lançavam-lhe olhares de estranhamento. Ele começou a segunda trilha, mas não estava chegando a lugar algum.

Aquilo era estúpido. Impossível. Teria que desistir. De repente, Dave ouviu uma pequena voz dentro dele. "Você ao menos pensou em *rezar*?" repreendeu-lhe a voz gentilmente.

— Você ao menos considerou pedir a Deus para encontrar os óculos?

Dave se sentiu humilhado e embaraçado, tudo ao mesmo tempo. Ele, um diácono de sua igreja, tinha sido tão teimoso, estado tão *encarregado*, que sequer pensara em começar pelo início! Sem pensar nenhuma vez nos motoristas que o veriam ao passarem, Dave se ajoelhou na neve, juntou suas mãos e fechou os olhos.

— Deus, desculpe-me por tê-Lo esquecido — sussurrou ele. — Tento nunca fazer isso, nem por um instante. Por favor, perdoe-me agora. E, por favor, encontre os óculos. — Ele permaneceu em silêncio por mais um momento e, depois, abriu os olhos.

À sua frente estavam os óculos de David! Apesar da tempestade de neve da noite anterior, eles estavam bem visíveis e em perfeito estado, em cima de uma moita de grama diretamente em seu caminho. Dave percebeu que eles pareciam ter estado esperando para serem encontrados.

— Eu sempre acreditei em milagres, mas com muita freqüência eles parecem acontecer para alguma outra pessoa — falou Dave.

E talvez isso seja porque *nós*, com muita freqüência, nos esquecemos de pedir.

— Os óculos me lembraram que Ele deseja estar envolvido em todas as partes das nossas vidas. Nenhum problema é pequeno demais para Deus.

Com Amor, do Além

Quem pode dizer que não chegará o tempo em que, até mesmo para aquelas pessoas que vivem na Terra, o mundo invisível não será mais invisível?

— PHILLIPS BROOKS, BISPO EPISCOPAL

Uma tarde, logo após a morte da minha amiga Beth, eu estava chorando sua perda — diz uma mulher de Wisconsin. — Subitamente, minha casa foi inundada pela fragrância do seu perfume favorito. Agora, em momentos ocasionais, eu a sinto. Acredito que Beth esteja me enviando um sinal de que está com Deus.

— Quando nossa mãe morreu, todo o quarto ficou iluminado com um lindo brilho dourado — relata uma outra mulher. — Por um momento, parecíamos estar vislumbrando a eternidade, e isto nos trouxe um grande conforto.

São abundantes as histórias de pessoas em luto sendo tranqüilizadas por aquelas que foram para o céu. Uma carícia, uma visão ou apenas um pequeno sinal... talvez sejam a maneira de Deus nos deixar saber que os nossos queridos estão em segurança em Seus braços.

Uma mulher chamada Carol se aproximou da mesa onde eu estava autografando livros, com uma história inspiradora. A mãe dela fora acometida do mal de Alzheimer e tinha sido muito difícil cuidar dela. Um dia, a mãe viu uma linda boneca antiga em um catálogo de encomenda postal.

— Vou comprar esta para você — disse ela para Carol.

Carol suspirou. Ela colecionava bonecas semelhantes, mas aquele modelo era muito caro e sua mãe havia perdido toda a noção de preço. E durante algum tempo a mãe não tinha sido capaz de comprar coisa alguma — fazer compras era confuso demais para ela.

— Mamãe, não preciso de nenhuma outra boneca — disse ela gentilmente.

— Sim! — insistiu a mãe dela. — Você vai tê-la. Eu prometo!

Carol sabia que a boneca representava a tentativa frustrada de sua mãe de expressar amor por sua filha. Sua inabilidade de fazer isso era dolorosa para ambas.

Durante as difíceis semanas seguintes, sua mãe falava constantemente sobre a boneca, perguntando se ela a encomendara e por que não havia chegado.

— Está a caminho — dizia repetidamente a Carol.

Algumas semanas depois, a idosa senhora morreu.

Muitos meses após a morte da sua mãe, o filho de Carol foi a um bazar de garagem e levou para casa uma caixa cheia de quinquilharias soltas, incluindo peças de uma boneca. Intrigada, Carol juntou a boneca. Era o modelo antigo do catálogo, completa, perfeitamente vestida e até com os sapatinhos. O último presente da sua mãe, de fato, estava "a caminho".

O pai de Dan Paluscsak tinha comprado uma velha casa de fazenda em Medina, Ohio, para sua família morar, e ela precisava de muitas obras.

— Papai era muito habilidoso e gostava de fazer consertos e de reconstruir — diz Dan.

Por que milagres acontecem

O Sr. Paluscsak martelava e serrava quase todas as noites, mas sempre limpava a área de trabalho e recolocava suas ferramentas em ordem em sua oficina. Ninguém mais sequer as tocava.

Quando Dan estava com 12 anos, seu pai morreu subitamente, depois de uma série de ataques cardíacos. Seu projeto naquele momento, reconstruir a escada, ficou interrompido.

— Durante o funeral de papai, nosso ministro lembrou a todos o quanto papai gostava de seu trabalho de carpintaria — recorda-se Dan.

— E ele enfatizou João 14: "Vou preparar um lugar para vocês."

Durante os meses seguintes, o jovem Dan sentiu muito a falta do pai. Ficava imaginando se Deus tinha, talvez, "preparado um lugar" no céu para o Sr. Paluscsak que envolvesse um trabalho de reconstrução. Estaria seu pai feliz, realizado? Como Dan poderia saber?

Uma manhã, quando Dan estava na sala de estar, ele viu a porta da oficina de seu pai se mover.

— Incrível quanto possa parecer, meu pai saiu da sua oficina carregando seu martelo, seu serrote e seu esquadro de carpinteiro — diz Dan. Depois, a figura subiu pela escada e desapareceu de vista.

Dan duvidou da sua sanidade e decidiu manter a visão só para si mesmo. Mais tarde, entretanto, ele e seu irmão subiram a escada para brincar.

— Olhe, Dan! — disse o irmão dele, apontando para o quarto inacabado da frente.

Dan olhou fixamente. Lá no chão estavam as ferramentas do pai deles, as mesmas três que ele tinha visto o pai carregando escada acima.

Dan contou sua experiência para a mãe. Chegaram à conclusão de que Deus deve ter desejado que eles soubessem que o Sr. Paluscsak, de fato, estava seguro, feliz e ainda fazendo o que gostava.

— Gosto de pensar que Deus está usando papai para ajudar a preparar *nosso* lugar no céu — diz Dan hoje.

Ocasionalmente, Deus permite que nossas pessoas queridas na eternidade se tornem mais envolvidas pessoalmente em nossas vidas.

Em 1983, quando sua mãe, Janice, morreu, Donna Victory estava com 18 anos de idade. Ela sentiu um vazio insuportável.

— Nossa família tinha sido muito íntima e mamãe vivia apenas para meu pai, meus dois irmãos mais novos e para mim — recorda-se Donna. — Ela era minha melhor amiga. E talvez a parte mais triste fosse que ela sempre sonhara em ser avó. Agora, se algum de nós viesse a ser pai ou mãe, ela não estaria por perto para aproveitar isso.

A família ficou de luto, mas, com o passar do tempo, Donna tentou se adaptar. Três anos depois, ela se casou. O casal se mudou para Sherman, no Texas, e logo Donna ficou grávida.

— Enquanto o bebê crescia, fiz cinco ultra-sonografias, e tudo indicava que teríamos uma menina — diz Donna.

Porém, o último teste também mostrou que o cordão umbilical estava enrolado em torno do pescoço do bebê. O médico de Donna obrigou-a a ficar em repouso na cama pelo resto da gravidez.

Por que milagres acontecem

— Disseram-me que o trabalho de parto e o próprio parto seriam toda a tensão que nossa filhinha poderia suportar — diz Donna. — Então, eu me sentei, não fiz nada... e me preocupei.

Longe de sua família em Oklahoma, Donna pensava freqüentemente em sua mãe. Como ela ansiava pela segurança que só uma mãe poderia dar!

Quando o trabalho de parto começou, pareceu progredir normalmente. Porém, todos estavam alertas quando o nascimento se tornou iminente. A criança estaria bem? De repente, Donna ficou gelada.

— Eles estavam me dizendo para empurrar — mas eu estava com muito medo, achava que ela poderia nascer morta, e eu não queria que isso acontecesse.

Então, inexplicavelmente o seu pavor retrocedeu e ela se sentiu inundada de paz. Uma mulher estava lhe falando: "Não se preocupe, Donna, está tudo bem. Ele está ótimo." Seria uma enfermeira? Não, era sua mãe — Donna tinha certeza disto —, e Janice havia chamado o bebê de *ele* e não de *ela*. O vigor preencheu Donna e ela empurrou com toda sua força.

— É um menino! — disse o médico momentos depois. — Que surpresa!

Mas não para Donna. Janice já havia trazido a alegre notícia.

À medida que Donna tomava conta do pequeno Brent, ela começou a se sentir menos sozinha — além de tudo, sua mãe não tinha estado com ela no hospital? Com certeza, Janice ainda estava por perto.

— Contei ao bebê tudo a respeito de mamãe, para manter sua memória viva nele — diz ela.

Posteriormente, quando o bebê Dustin chegou, ele também ouviu falar sobre a maravilhosa avó que tinha querido tanto encontrá-los aqui na Terra mas que, em vez disso, estava zelando por eles do céu, juntamente com todos os anjos.

— Acho que eu a considerava a guardiã especial dos meninos — diz Donna —, mesmo que, naquela época, não estivesse certa de que realmente acreditava em anjos.

Um verão, quando os meninos estavam quase com três e quatro anos, eles se "graduaram" para dormirem em beliche. Para poupar espaço no quarto deles, Donna empilhou as camas. Ela assumiu que Brent tinha idade suficiente para dormir na parte de cima do beliche, e que gostaria da aventura. Mas Brent tinha medo de altura e torceu o nariz. Por outro lado, Dustin, que estava aprendendo a andar, não podia ser mantido *fora* da parte de cima do beliche, para onde subia sempre que Donna dava as costas.

— Eu não queria que o Dustin dormisse em cima — diz ela. — Achava que ele era jovem demais e pequeno demais. Mas colocamos uma tábua de dois por quatro como uma grade e assim concordei.

Dustin já estava dormindo na parte de cima do beliche há algumas semanas quando, determinada noite, Donna acordou abruptamente. Confusa, ela se sentou por um instante no quarto escuro. O que estaria errado? Nada parecia fora do comum. Seu marido, um guarda de segurança noturno, estava no trabalho, e tudo estava tranqüilo. Porém, ela sentiu uma sensação de urgência, como se alguém a tivesse deliberadamente sacudido para que acordasse.

Donna olhou para a porta. A mãe dela estava parada ali.

— Ela parecia igual ao que sempre fora, exceto por estar em uma espécie de névoa — diz Donna. — Parecia flutuar, como se estivesse andando no ar.

Era impossível! Certamente, Donna estava alucinando — contudo, não sentia nenhum medo ou atordoamento.

Sua mãe não falou. Em vez disso, fez um gesto para que Donna a acompanhasse, o que ela fez sem questionar. As duas desceram o corredor até o quarto dos meninos, e então Janice ficou de lado para que Donna pudesse entrar.

Brent estava na cama de baixo, adormecido. Mas Dustin — Donna ficou ofegante, horrorizada. De algum modo, a criança deslizara entre o colchão e o pedaço de madeira, e ficara presa. Ele estava pendurado flacidamente no ar, com os pés balançando acima da cama de baixo e seu pescoço preso pela grade!

Oh, Deus! Com as mãos tremendo, Donna o soltou. Ele ainda estaria respirando? Sim, na verdade ele parecia estar dormindo profunda e normalmente. Tremendo, Donna desatou em lágrimas, segurando Dustin bem junto a ela. Quanto tempo mais ele poderia ter ficado pendurado lá antes que sua entrada de ar tivesse sido completamente bloqueada e ele morrido em silêncio? E ela nunca teria ouvido coisa alguma!

Em meio ao seu choro, ela sentiu uma gentil e tranqüilizadora mão no seu ombro. Ela se virou, mas não havia ninguém lá. Estava sozinha. Mas, de modo algum, *realmente* sozinha.

— Desde então, não tenho sentido a presença de minha mãe, mas meu irmão, que agora tem um bebê, contou-me recentemente que achava ter visto mamãe inclinada sobre o berço — diz Donna. — Isto faz eu me sentir ainda mais segura de que ela está tomando conta de todos os seus netos. E, sabendo disso, fico totalmente em paz.

Promessa na Primeira Página

Para alcançarmos o porto do céu, às vezes devemos navegar a favor do vento e, às vezes, contra ele; mas devemos navegar e não desviarmos a rota ou ficarmos ancorados.

— OLIVER WENDELL HOLMES

Como as pessoas daqui suportam um calor tão terrível, pensava Reneé Smith na manhã de 1.º de agosto de 1983 enquanto punha suas duas filhas pequenas dentro do carro para um passeio de compras. Os Smith tinham se mudado de Franklin, Carolina do Norte, para Lincolnton, na Geórgia, há um mês, mas Reneé duvidava que algum dia pudesse se acostumar aos verões no Peach State. Naquele dia, também estava nublado e sombrio, com a água quase suspensa no ar. O suor escorria pelo seu rosto enquanto ela afivelava Sarah, de três meses de idade, na cadeirinha na parte da frente do carro, prendia a trava do cinto de segurança de Jessica, de cinco anos, e entrava no trânsito.

— Estamos quase chegando, mamãe? — perguntava Jessica da parte de trás do carro enquanto percorriam os 30 quilômetros até Thomson.

— Quase, querida.

Reneé passou por um marcador de temperatura. Estava indicando 40 graus.

Por que milagres acontecem

Reneé entrou à 1h 35min da tarde no estacionamento do Kmart, desligou o motor, saiu do carro e começou a tirar Sarah de sua cadeirinha enquanto Jessica saía pelo outro lado. Foi a última coisa que qualquer uma delas se lembra. A reconstrução do acontecimento foi deixada para as testemunhas — um súbito *estrondo!*, um raio atingindo o carro dos Smith, espalhando-se para ambos os lados, atingindo Reneé na têmpora esquerda e Jessica no olho esquerdo. Reneé deixando cair o bebê e desmoronando como um monte de argila no chão. Jessica caindo do outro lado do carro.

Uma mulher em um carro próximo saiu e correu até Reneé. Começou a rezar sobre ela. Embora o bebê Sarah parecesse ativo e ileso, os olhos de Reneé estavam revirados. Não havia nenhum sinal de vida.

Uma técnica em medicina, que estava de licença, se aproximou rapidamente. Ela confirmou que a condição de Reneé era séria.

— Sem pulso, sem respiração — disse a técnica à mulher depois de um rápido exame. — Vou começar uma reanimação; você continua rezando.

Começou a chover e o excitado gerente da loja Kmart, que acabara de chegar à cena, voltou correndo para o interior da loja para pegar cobertores.

Um homem estacionado em uma caminhonete de entregas vira a coisa toda. Ele alcançou Jessica e começou a fazer respiração boca a boca. A menininha também não tinha nenhum batimento cardíaco. Seus sapatos haviam sido arrancados pelo raio e estavam do outro lado do estacionamento.

Após cerca de 10 minutos, Jessica reviveu.

— Onde está a mamãe? — perguntou ela ao preocupado homem que se inclinava sobre ela.

— Sua mamãe vai ficar bem, querida — garantiu-lhe ele.

Mas ele sabia tão bem quanto qualquer outra pessoa na multidão que se formava rapidamente que Reneé fora eletrocutada e que, quase com certeza, morrera.

A ambulância chegou e as três vítimas foram carregadas em macas. A equipe trabalhou freneticamente com Reneé enquanto o veículo ia a toda velocidade em direção ao Hospital Municipal McDuffie, no centro de Thomson. Nenhuma pulsação, nenhum batimento cardíaco.

— Desfibrilador! Desfibrilador novamente, afastem-se!

Na terceira tentativa, cerca de 17 minutos após Reneé ter sido atingida, conseguiram fazer o coração dela recomeçar a pulsar em um ritmo errático, enquanto um aparelho respirava por ela. A equipe da ambulância se entreolhava em desespero. Aquela mulher era tão jovem mas havia pouca esperança de que ela sobrevivesse.

Os médicos do McDuffie concordaram com o pessoal da ambulância. Uma queimadura de cerca de três centímetros de largura ia do topo da cabeça de Reneé até o final da sua espinha, fundindo o cabelo à sua cabeça. Contusões marcavam claramente sua têmpora esquerda, por onde o raio havia entrado, e sua mão esquerda, por onde ele saíra. Seus olhos se reviravam como se estivessem desconexos, sem nenhum foco. Uma vez que o Hospital Universitário em Augusta possuía uma unidade de tratamento intensivo, os médicos decidiram enviar as três pacientes para lá. Porém, na opinião deles, Reneé sofrera dano cerebral irreversível e estava em um estado "não recuperável".

Enquanto isso estava acontecendo, as pessoas tentavam encontrar o marido de Reneé, Fred, um instalador de telefones. Quando seu supervisor finalmente o localizou, só lhe disse que Reneé e as meninas haviam sofrido um sério acidente. Atingido pelo pânico, Fred foi correndo para casa para trocar de roupa, molhada e enlameada devido à chuva.

Nem sequer sabia onde ficava o Hospital Universitário, percebeu ele enquanto se apressava — tempo precioso iria ser desperdiçado procurando orientação. E como poderia enfrentar sozinho o que deveria precisar enfrentar lá?

— Deus — ele rezou —, por favor, envie alguém para ficar comigo.

Derrapando até uma parada em frente à sua casa, Fred viu um homem parado lá — seu novo pastor, Mike McBride, da Primeira Assembléia de Deus em Lincolnton.

— Alguém acabou de telefonar e pediu-me para encontrá-lo — explicou o pastor. — Achamos que você gostaria de ter companhia.

— É verdade. Obrigado. — Fred ficou ligeiramente aliviado, mas sua ansiedade continuava. Reneé, suas filhas... O amor por elas o dominou.

Enquanto os dois homens se dirigiam a toda velocidade para o hospital, o pânico de Fred subitamente retrocedeu. No lugar dele, sentiu uma profunda sensação de paz. Vieram-lhe à mente as palavras de Timóteo 2, 1:7: "Pois Deus não nos deu um espírito de covardia e sim um espírito de poder, amor e autocontrole." Fred *lutaria* por sua família com seu amor, baseando-se nas promessas de Deus. Ele olhou para Mike McBride.

— Eu tenho um Deus que cura — disse ele com determinação. — Ele vai curar toda a minha família.

O pastor também esperava isso, e os dois homens rezaram juntos enquanto os quilômetros passavam depressa. Porém, quando eles entraram na sala de emergência, uma enfermeira chamou Mike para um canto.

— Acho melhor o senhor preparar o Sr. Smith — murmurou ela. — Ninguém espera que a esposa dele sobreviva ao translado do McDuffie. Ela vai estar morta ao chegar.

No entanto Fred permaneceu firme, até mesmo quando finalmente foi permitida sua entrada no Centro de Tratamento Intensivo para ver Reneé. Ela não chegara morta, mas estava completamente insensível, em um respirador, e se sacudia constantemente devido a espasmos musculares. Certamente, ela não *parecia* ter cura.

— Se ela sobreviver — explicou gentilmente um médico a Fred —, poderá ter dano nervoso, dano renal, paralisia, dano muscular, convulsões, perda de memória...

Porém, Fred tomara a decisão de caminhar pela fé, não pela visão. E aquela maravilhosa sensação de paz e de amor ainda permanecia com ele. Quando saiu do quarto do hospital, colidiu com um repórter do *Augusta Chronicle* que vagava pelos corredores e que fora enviado para escrever uma história sobre o que tinha acontecido.

— Deus vai curar toda a minha família — Fred disse ao repórter. — Ponha isso na primeira página.

— Mas... — O repórter ficou confuso. A esposa desse homem não estava quase morta?

— Ponha isso na primeira página — repetiu Fred.

O repórter o fez. Um outro escritor, do *Augusta Herald*, ficou com a mesma história. Toda a comunidade aguardava.

Alguns dias depois, as duas menininhas foram enviadas para casa em bom estado de saúde. Ficou determinado que a borracha da cadeirinha da criança tinha agido como uma proteção, evitando que o bebê Sarah tivesse quaisquer ferimentos. E embora Jessica tivesse desenvolvido camadas avermelhadas por todo o corpo — possivelmente coágulos sanguíneos que se formaram como reação ao aquecimento —, elas tinham desaparecido misteriosamente momentos depois, após Fred ter saído para o corredor do hospital e ter dito simplesmente:

— Deus, o Senhor precisa fazer alguma coisa.

Reneé permanecia em coma. Em todos os lugares de Augusta, pessoas rezavam pelo seu bem-estar e grupos de oração enchiam a sala de espera do hospital. A certa altura, quando estava do lado de fora do quarto de Reneé, um homem rompeu em lágrimas.

— Vocês os viram? — perguntou ele para as pessoas que estavam ao seu redor. — Três anjos imensos vestindo ouro e bronze... entraram em seu quarto atravessando a parede. Eles estão batalhando pela vida dela.

Nenhuma outra pessoa tivera também aquela visão. Mas não era difícil de acreditar.

Três dias após ter sido atingida pelo raio, Reneé Smith acordou.

— O que eu tive — ela perguntou com uma voz grogue a Fred —, menino ou menina?

— Você não teve um bebê, querida — respondeu Fred chorando. — Você foi atingida por um raio.

— Não consigo enxergar muito bem — Reneé murmurou. — Tudo está tão embaçado.

Aquilo não tinha importância. Reneé estava falando, consciente. Fred já havia recebido seu milagre. Se o raio prejudicara os olhos dela, eles encontrariam forças para lidar com aquilo.

Depois, Reneé se lembrou de algo — estava usando lentes de contato quando foi atingida. Talvez um dos médicos as tivesse retirado quando ela estava inconsciente.

Os médicos ficaram horrorizados ao ouvirem isso. Explicaram que Reneé *não podia* estar usando as lentes, porque, se estivesse, elas teriam derretido e a cegado.

Mas ela estava. As lentes nunca foram encontradas, e não houve absolutamente nenhum dano aos olhos dela. E também nenhum dano permanente a qualquer parte de seu corpo.

— Excetuando meus pés, que ficaram dormentes durante certo tempo e de uma reação a algum medicamento, não tive nenhum efeito colateral — relata Reneé hoje em dia.

Apelidada pelo *Chronicle* de "A Senhora do Raio" de Augusta, ela continua surpresa e agradecida diante das bênçãos que fluíram do que aparentava ser uma tragédia. Com freqüência, pedem-lhe para falar sobre sua experiência, e ela tem feito muitos novos amigos. O dinheiro para pagar as despesas com médicos ainda está sendo doado (porque Fred acabara de assumir um novo emprego, a família não tinha qualquer seguro de saúde). E, o melhor de tudo, seu milagre fortaleceu a fé de toda a comunidade.

— Nossas vidas são verdadeiramente orquestradas por uma invisível mão — ela afirma.

Quanto a Fred, ele está convencido de que a fé que ele proclamou tão audaciosamente teve profunda influência na restauração da saúde de sua família.

— Você nunca sabe o que cada dia irá trazer — explica ele. —Mas tudo é possível se você acredita.

Companheiro Silencioso

O presente de Deus para você é o que você é.
Seu presente para Deus é o que você faz de si mesmo.

— ANÔNIMO

Deus nunca nos abandona. Mas, às vezes, Ele permite vales em nossas vidas para que possamos olhar mais facilmente *para cima* — para Ele. Talvez esta seja a razão pela qual Lew Baker, alcoólatra há muito tempo, tenha passado por dois ataques cardíacos e pela subseqüente cirurgia de ponte de safena — juntamente com a diabete —, tudo durante o mesmo breve período em 1982.

— Naquela época, eu sabia sobre Deus, mas não O conhecia pessoalmente — diz Lew.

Entretanto, seus problemas de saúde serviram como um chamado para despertar. Enquanto se recuperava, Lew começou a ler a Bíblia e a ouvir as experiências daquelas pessoas que tinham sido espiritualmente renovadas. Gradualmente, seu coração se enterneceu.

— Em março de 83, recebi Jesus no meu coração e comecei a desenvolver o íntimo relacionamento pessoal que agora tenho com Ele — diz Lew.

Nesse momento de conversão, Lew também prometeu a Jesus que passaria o resto de sua vida ajudando outras pessoas a se livrarem das drogas e do álcool.

Alguns anos mais tarde, Lew, motorista de caminhão de longas distâncias baseado na parte setentrional de Nova York, foi designado para transportar material para um trabalho de construção de estrada em Maryland. Para evitar o trânsito pesado, os motoristas muitas vezes viajam à noite. Um dia, cerca de 11 h, Lew partiu com uma carga de 28 toneladas de painéis de concreto. Era um grande carregamento, mas ele não estava apreensivo. Seu caminhão tinha um adesivo no pára-choque onde se lia DEUS É MEU CO-PILOTO, e com sua fé se desenvolvendo profundamente todos os dias, o que havia para temer?

— Perto do meio do caminho, cruzando a Pensilvânia, o volante pareceu afrouxar e toda a parte da frente do caminhão agia como se estivesse flutuando no ar — diz Lew.

Ele puxou em direção ao acostamento, ligou alguns sinais de alerta e verificou tudo o que pôde. Três outros caminhões também pararam para ajudar, mas não encontraram nada. Lew dirigiu cuidadosamente até a parada de caminhões seguinte, mas, agora, tudo parecia estar muito bem. Lá, os mecânicos também não conseguiram encontrar nenhum problema.

Teria sido sua imaginação? Lew chegou ao local do trabalho no sul de Maryland em segurança e, mais uma vez, teve seu caminhão examinado. Nada. Também não houve nenhuma dificuldade no seu caminho de volta para Nova York.

— Quando cheguei lá, relatei os acontecimentos ao meu supervisor — diz Lew. — Ele me designou um caminhão diferente até que o meu pudesse ser totalmente verificado.

Quatro dias e três mecânicos mais tarde, o caminhão de Lew lhe foi devolvido. Ninguém encontrara nada para consertar.

— Nos meses seguintes, continuei a dirigir de um lado para o outro, de Nova York para Maryland, com uma ocasional vibração ou uma estranha sensação de leveza no volante — diz Lew. — Bem lá no fundo, eu sabia que alguma coisa estava errada, mas era ridicularizado sempre que tocava no assunto.

Então, ele guardava consigo mesmo sua crescente preocupação e rezava ainda com mais freqüência do que a usual.

Um dia, Lew foi designado para transportar uma pesada carga até a área dos Lagos Finger na parte setentrional de Nova York. A viagem foi tranqüila até ele passar pela pequenina aldeia de Watkins Glen.

— A rodovia foi cortada na rocha sólida na encosta de uma montanha — diz Lew. — Viajando por essa estrada íngreme e estreita, eu tinha rocha sólida à minha direita. À minha esquerda, precipícios de 100 metros ou mais para dentro de um lago tão profundo que em alguns lugares o fundo nunca foi alcançado.

O motor esquentou e o radiador ferveu enquanto o caminhão fazia força para chegar ao topo. Novamente a parte da frente do caminhão parecia leve. Sempre que Lew passava por saliências ou por um trecho acidentado da estrada, parecia como se o caminhão estivesse saindo do chão.

Finalmente, Lew chegou ao seu destino, fez a entrega e dirigiu de volta para a oficina. Levou o caminhão até os fundos da oficina para que o serviço fosse feito para o dia seguinte.

— Abri o capô e subi no chassi para verificar a água e o óleo — diz ele. — Enquanto eu descia novamente, comecei a escorregar e minha mão foi de encontro à caixa de direção montada no interior do chassi.

Enquanto Lew olhava sem acreditar, toda a caixa balançou completamente para fora de sua armação. Todos os oito parafusos estavam inteiramente desgastados, e devido a suas pontas enferrujadas Lew percebeu que estavam sem cumprir suas funções há muito tempo. Ele dirigira cerca de 10 mil quilômetros com uma caixa de direção solta no ar em vez de controlando o volante do caminhão. Por que os mecânicos não tinham descoberto o defeito, por que ele não perdera o controle do caminhão, especialmente durante a subida da montanha, eram coisas que ele não podia responder.

No dia seguinte, Lew retirou o adesivo DEUS É MEU CO-PILOTO do pára-choque.

— Eu soube então que Deus é o *piloto* — diz ele. E não se esqueceu disso.

Atualmente, Lew é conselheiro em três prisões estaduais e duas cadeias municipais, levando esperança e fé espiritual aos reclusos. Ele pode lhes dizer com total segurança que ninguém viaja pela vida sozinho.[5]

Quebrando as Regras

O mundo nunca vai ficar na miséria por falta de milagres, mas somente por falta de admiração.

— G. K. CHESTERTON, *TREMENDOUS TRIFLES*

Lew Baker não é a única pessoa a experimentar a suspensão das leis da física. E já que Deus fez o universo, Ele pode quebrar suas regras sempre que desejar.

Com 18 anos, Bill Clarke, de Staatsburg, Nova York, descobriu isso quando foi trabalhar para alguns amigos da família que instalavam sistemas de ar condicionado. Bill ficava disponível para pegar objetos e levá-los para os instaladores. Sua mãe, Martha, ficou satisfeita com a maturidade emergente de Bill. Porém, como muitos pais, estava tendo um pouco de dificuldade em "deixá-lo ir".

— Todos os dias, pedia a Deus que me assegurasse que eu tinha feito um bom trabalho deixando Bill pronto para o mundo adulto — diz ela.

Em um dia extremamente quente, Bill e seus dois patrões estavam instalando ar condicionado em uma grande e luxuosa mansão. Eles já haviam puxado linhas de 110 volts através dos tubos áticos e agora estavam trabalhando do lado de fora da casa, perto da piscina.

— Bill! — o patrão chamou. — Ligue naquela extensão e traga-a para mim.

Bill fez como lhe fora pedido. Depois, foi andando de costas em direção ao seu patrão, desenrolando o fio enquanto andava. Ninguém viu Bill indo em direção à piscina — até que era tarde demais. Ainda segurando o fio, Bill mergulhou na água.

Alguém totalmente submerso e segurando um fio elétrico ligado deveria estar gravemente queimado ou em choque, se não eletrocutado. Além do mais, o patrão de Bill acabara de verificar a chave geral, e ela estava funcionando bem. Porém, nada aconteceu com Bill. Ainda segurando o fio, ele nadou até a borda e saiu, ileso.

— Bill! O que aconteceu? Você está bem?

Atônitos, os homens inspecionaram o fio e a tomada. Definitivamente, a força estava fluindo através deles. Ninguém conseguia imaginar como Bill escapara de sérios ferimentos.

Porém, quando Martha ouviu a história, compreendeu sua importância espiritual.

— Eu soube então que podia, em segurança, deixar meu filho aos cuidados do Senhor — diz ela. — Serei sempre agradecida por este exemplo especial do Seu poder e da Sua proteção.

Jim telefonou para a estação de rádio WYLL, no subúrbio de Chicago, para falar sobre uma amiga, Norma, por quem ele estava rezando. Norma, mãe solteira, vivia longe de Deus, uma vida temerária. Trabalhava como caixa em uma loja, mas estava perpetuamente estressada e com dívidas.

Por que milagres acontecem

— Uma noite, as coisas ficaram difíceis demais para Norma — relatou Jim. — E enquanto estava fechando sua registradora, roubou 400 dólares e pôs na bolsa.

Com o coração batendo aceleradamente, Norma chegou até seu carro sem ser apanhada. Porém, quando virou a chave na ignição, nada aconteceu.

Ela acabara de revisar o carro! Não podia ser — não uma outra dívida! Norma sentiu como se o mundo estivesse desmoronando. Olhou em volta do estacionamento, procurando ajuda. Geralmente, havia diversos colegas de trabalho indo embora. Porém, naquela noite, estranhamente, a área estava completamente deserta. Não havia ninguém para socorrê-la, ninguém, exceto...

Norma pôs sua testa no volante.

— Deus — ela rezou em silêncio —, não tenho estado muito próxima a Você. Durante muito tempo, não Lhe dediquei sequer um pensamento. Mas, por alguma razão, pareço sentir Sua presença. Por favor, oriente-me agora.

Ela esperou um momento e então, lentamente, saiu do carro. Voltando para dentro da loja, encontrou seu patrão.

— Aqui está — ela disse entregando-lhe os 400 dólares. — Cometi um erro.

O patrão olhou para o dinheiro e, depois, para ela.

— Eu sei — disse ele lentamente. — Bem, estou contente por você ter descoberto isso.

Sorriram um para o outro, e Norma sentiu seu coração elevado. Ela podia ter sido despedida, e até mesmo presa! Porém, por alguma razão, o patrão teve confiança nela.

Talvez ela também pudesse confiar em si mesma. Talvez não fosse tarde demais para começar a viver o caminho de Deus em vez do seu próprio. Norma voltou para o carro e tentou dar a partida outra vez. O motor pegou.

Martha Malham e seu marido Howie estavam no Arizona visitando o filho, a nora e os netos.

— Enchi uma caneca grande com café quente recém-preparado e coloquei-a na mesa da cozinha para Howie — conta Martha.

Absorvidos na conversa, nenhum dos adultos viu John Paul, de 18 meses de idade, subir engatinhando, alcançar e pegar o recipiente pela alça. Ele a inclinou e o café escaldante rolou em cascata da caneca em direção ao seu rosto virado para cima.

Todos ficaram gelados de pavor. Então, de repente, o líquido que escorria mudou de curso, no meio do ar.

— O café saiu voando em um ângulo de 45 graus, afastando-se totalmente do rosto de John Paul — comenta Martha. — Caiu com um imenso estrondo no chão da cozinha e cobriu tudo por perto. Contudo, nem sequer uma gota tocou as roupas dele.

Quem colocou uma barreira protetora, embora invisível, ao redor daquele garotinho? Martha acha que sabe.

Como tanto o pai quanto a mãe de Karen Costello, de 14 anos, trabalhavam fora, ela passava muito tempo sozinha com seu meio-irmão. Eric★, de 15 anos, estava sempre metido em confusões e até mesmo passara algum tempo na cadeia. Karen tinha um pouco de medo dele.

Em um dia de verão, quando Karen estava sentada no chão assistindo televisão, Eric entrou na casa carregando um rifle.

— Onde você conseguiu isto? — Karen perguntou chocada.

— Troquei com um rapaz — respondeu Eric com indiferença. Depois, ele ergueu o rifle, apontou-o para Karen e puxou o gatilho — repetidamente.

— Você não sabe que não se deve nunca apontar uma arma para as pessoas? — gritou Karen horrorizada.

Eric riu.

— Oh, não seja tão bebezinha, não está carregado — respondeu ele, olhando o rifle bem de perto. — Vou trocá-lo novamente amanhã. Esta coisa é um ferro velho.

Karen ficou aliviada. Já que Eric estava planejando se desfazer da arma, ela decidiu não mencionar o episódio aos seus pais naquela noite.

Na manhã seguinte, Karen acordou e começou a se levantar. Sua rotina normal era pegar o roupão no armário e depois ir tomar café na cozinha. Porém, por alguma razão, decidiu ficar na cama apenas por mais alguns minutos.

Bam! Um barulho alto quebrou o silêncio. Karen viu um pedaço de madeira se desprender da porta do seu armário, exatamente onde sua cabeça estaria se ela estivesse lá. Um buraco apareceu de repente na parede oposta ao armário. Tinha sido uma bala, que atravessou zunindo seu quarto!

Eric entrou correndo pela porta do quarto dela, com o rosto da cor do leite.

— Você está bem? — gritou ele. — Karen, eu não sabia que estava carregada! Juro! Nunca pus nenhuma bala nele — não tenho nenhuma!

Chocada, Karen olhava fixamente para ele. Obviamente, aquela bala estava na câmara no dia anterior, quando Eric apontara a arma para ela. No entanto, ele havia puxado o gatilho repetidamente. O que tinha impedido a bala de sair da câmara naquele momento? O que impediria que ela se levantasse apenas alguns segundos antes e que ficasse no caminho da bala?

Apesar da sua difícil vida familiar, Karen sentiu-se menos vulnerável depois daquilo. Ela sabia que Deus estava zelando por ela.

As quedas (ou quedas em potencial) parecem feitas sob medida para a suspensão da lei física. Enquanto atravessava uma gravidez difícil, uma jovem mulher tropeçou no degrau mais alto de uma escada. Naquela primeira fração de segundo, ela entrou em pânico, certa de que cairia e perderia a criança.

— Então, tudo passou a ficar em câmera lenta — relata ela. — Escorreguei escada abaixo... Foi como estar caindo do céu.

Ela aterrissou como se estivesse caindo em uma almofada, e quando seu filho nasceu, três meses depois, "nós demos a ele o nome de Nathan, que significa 'presente de Deus' em hebraico".[6]

Em uma outra ocasião, Barbara Gove estava visitando o irmão em Milton, New Hampshire, quando seu sobrinho Eddie, de 14 anos, caiu de um caminhão estacionado no quintal. Eddie começou a gritar em agonia. Horrorizada, Barbara viu que ele havia caído sobre uma tábua com um prego e que, agora, o prego estava quase todo atravessado no pé dele. O pai de Eddie estava no trabalho e não havia mais ninguém em casa. O que ela deveria fazer?

Barbara ergueu o sobrinho que soluçava nos braços, a tábua e o prego ainda presos ao pé ensangüentado dele, carregou-o até o carro e levou-o para o hospital mais próximo, rezando durante todo o trajeto. Com os freios guinchando, entrou no estacionamento, pegou Eddie novamente no colo e correu em direção à entrada da sala de emergência.

Por que milagres acontecem

— Enquanto eu o carregava ao longo da calçada, ouvi uma mulher gritar ao passarmos — diz Barbara. — Eu não tinha tempo para parar e perguntar por quê ela gritava, portanto continuei andando.

Eddie estava terrivelmente pesado, mas Barbara finalmente conseguiu dar entrada e entregá-lo a uma enfermeira. Depois, quando parou para tomar ar, percebeu que a mulher a seguira até dentro do hospital.

— Não foi você que gritou para mim lá fora? — perguntou Barbara.

— Foi — disse a mulher, pálida e tremendo. — Talvez seja melhor eu *mostrar* em vez de lhe dizer por quê.

A mulher conduziu Barbara novamente para o lado de fora e mostrou-lhe uma grande grade no cimento, quase da largura da calçada. Ela cobria uma abertura através da qual pacotes eram abaixados até o porão do hospital. A grade estava exatamente onde Barbara havia passado. E estava aberta.

— Eu tinha certeza de que você e o jovem iriam cair direto dentro daquele buraco, foi por isso que gritei — disse a mulher. — Porém, vocês dois pareceram... realmente flutuar bem sobre ele.

Barbara estava atônita. Como poderia ser isto? Ela sabia que seus pés não tinham saído do chão sólido. Porém, mais tarde, Eddie lhe falou que ele também tinha tido uma sensação de estar flutuando enquanto ela o carregava nos braços. E apesar das preocupações dos médicos, o pé dele ficou curado em apenas alguns dias, sem nenhuma infecção ou reações secundárias.

Em 1987, Clem e Julie Walters foram com seus amigos Sharon e David em uma viagem à Europa para celebrarem o trigésimo aniversário de casamento dos Walters. Por haver feito algumas pesquisas, Julie estava no comando. A principal parada seria no lar da infância e no convento de Santa Teresa, uma famosa santa católica de Lisieux, na França.

Porque tinham estado ocupados com atividades pastorais em seu grupo de oração durante os dias precedentes à viagem, "não estávamos bem preparados", recorda-se Clem.

— Não falávamos nenhuma língua estrangeira e estávamos usando passagens de trem, o que pode ser confuso. Tínhamos um orçamento apertado que não permitia erros. Então, decidimos rezar durante todo o trajeto.

Todas as manhãs, os quatro se davam as mãos, dedicavam o dia a Deus e pediam a Ele que os protegesse e orientasse.

As coisas andavam mais tranqüilas do que eles podiam esperar. Porém, no trajeto de Roma a Lisieux, os problemas começaram. Devido a chuvas fortes, o trem estava atrasado quase 20 horas, e, quando finalmente chegou a Lisieux, a estação estava um hospício. Os quatro estavam com um horário apertado devido a várias passagens que não podiam ser trocadas, e agora tinham apenas algumas horas para permanecer em Lisieux antes de pegarem a barca para atravessar o English Channel.

— As mulheres saíram para encontrar um mapa para que pudéssemos localizar os lugares sem demora — lembra-se Clem. — David e eu ficamos na estação para fazermos as reservas da barca por telefone.

Uma vez que os homens não estavam familiarizados com as moedas francesas, não conseguiram operar o telefone público. Pediram ajuda a muitas pessoas, mas só receberam resmungos ou acenos de cabeça. O tempo estava passando e, com certeza, o convento logo estaria fechando. Então, uma jovem mulher, atraente e bem vestida, foi telefonar perto deles e, falando rápido em francês, teve uma breve conversa.

— Você fala inglês? — perguntou-lhe Clem quando ela desligou.

Ela se virou para ele com um sorriso radiante.

— É claro que sim — respondeu. — Como posso ajudá-los?

Clem ficou surpreso. O inglês dela era impecável. Rapidamente, ele explicou a sua necessidade de fazer as reservas. A delicada jovem telefonou por ele.

— Está tudo providenciado — disse ela enquanto desligava.

— Isto é maravilhoso, muitíssimo obrigado! — começaram os homens.

— De nada. — Ela sorriu por cima do ombro enquanto caminhava apressadamente para fora da estação. — Aproveitem as férias!

Os dois homens seguiram aliviados. Adiante, podiam ver Julie e Sharon paradas do lado de fora de uma pequena loja conversando com uma senhora idosa.

Embora não falasse nada em inglês, a senhora fora capaz de ajudar Julie e Sharon a comprar o mapa correto. Além disso, ela conhecia o caminho para o convento e queria levá-las até lá. As mulheres tinham tentado explicar que não poderiam ir sem os maridos e que, talvez, ela não se sentisse à vontade levando junto dois homens. Ela não havia entendido e ainda estava tentando persuadi-las.

— Seria maravilhoso irmos até lá com ela... pouparia bastante tempo — disse Julie. Ela estava ficando preocupada de perder sua oportunidade de pesquisa. — Mas não podemos levar vocês, homens, junto sem a permissão dela!

Clem não sabia o que fazer. Exatamente naquele instante, a jovem da estação de trem apareceu ao seu lado. De onde ela surgira?

— Posso ajudar? — perguntou ela.

— Você está se tornando uma salva-vidas — disse-lhe Clem, e explicou rapidamente. As duas francesas conversaram. — Ela ficaria feliz em levar todos vocês — traduziu finalmente a jovem mulher.

— Oh, maravilhoso! — exclamou Julie.

Clem pegou a câmera.

— Antes de irmos, deixem-me tirar uma foto das quatro mulheres — disse ele, e rapidamente bateu uma foto.

Depois, a jovem desapareceu na multidão, e a senhora idosa os guiou em direção ao carro. Os casais chegaram ao lar da infância de Santa Teresa pouco antes de ele fechar e Julie foi capaz de completar seu projeto.

O resto da viagem foi agradável e os quatro comentaram muitas vezes sobre a chegada fortuita da jovem mulher na estação de trem. Sem a ajuda dela, a estada deles em Lisieux teria sido arruinada.

Quando voltaram para Indiana, Clem mandou revelar os filmes. Uma noite, ele se sentou para ver as fotos com atenção. Tinha usado uma boa câmera e todas as fotos saíram muito bem, exceto as poucas que havia tirado em Lisieux. Alguma coisa as embaçara e escurecera, e as cenas estavam pouco visíveis. Deve ter sido um rolo ruim de filme. Clem jogou fora aquelas fotos.

Mais tarde, ele pensou melhor. Por que aquelas fotos estavam estragadas quando todas as outras do mesmo filme — antes e depois — saíram ótimas? Curioso, Clem procurou entre os negativos e encontrou os estragados. Nos negativos, ele conseguia ver as cenas com bastante clareza. Lá estava a foto do convento de Teresa, uma outra do lar da sua infância. Clem suspendeu o negativo seguinte, o que ele tinha tirado das quatro mulheres paradas em frente à pequena loja em Lisieux. Sua pele se arrepiou.

Não havia nenhum engano na pose ou no fundo da cena e o pequeno grupo estava perfeitamente centralizado. Porém, só havia três mulheres no negativo — Julie, Sharon e a senhora que lhes dera uma carona. No lugar onde a jovem mulher tinha ficado não havia absolutamente nenhuma imagem.

— Nunca pudemos conseguir uma verdadeira foto revelada daquele negativo — simplesmente nunca "saía" — diz Clem.

Talvez os anjos tenham aquele efeito sobre as câmeras. Porém, Clem não tem nenhuma dúvida de que eles estiveram cercados por ajuda celestial naquela viagem especial, e ainda estão. Nenhum problema é pequeno demais para Deus.

Visão de Esperança

É um sonho, doce criança! um sonho acordado,
Uma certeza bem-aventurada, uma brilhante visão,
Daquela rara felicidade, que mesmo na terra
O Céu dá àqueles que ama.

— HENRY WADSWORTH LONGFELLOW,
"SPANISH STUDENT"

Phyllis e Gus Cavallari, de Cleveland, Ohio, casaram-se em 1965, e dois anos depois descobriram encantados que estavam esperando um bebê. Seria o primeiro neto e ambas as famílias ficaram emocionadas. Infelizmente, Phyllis logo teve um aborto espontâneo.

— A primeira coisa que perguntei quando voltei da anestesia foi: "Ainda posso ter bebês?" — diz Phyllis. — "Eu queria muito ser mãe."

Os médicos lhe disseram que não havia nenhuma razão para não ter esperança. Porém, o ano se arrastava e nada acontecia. Phyllis rezava e tentava não ficar desencorajada — ela ainda era jovem e o tempo certamente estava ao seu lado. Mas ela não parecia conseguir afastar a preocupação. Gus tinha ficado entristecido com o aborto, mas agora estava ainda mais preocupado com relação a Phyllis. Ele odiava vê-la tão deprimida e sentia-se incapaz de fazer alguma coisa.

— Gus e eu sempre tivemos um amor especial um pelo outro — diz Phyllis. Um filho teria tornado suas vidas completas.

O casal morava no segundo andar de uma casa que pertencia à mãe de Gus. Em uma linda tarde de verão de 1968, Gus desceu as escadas para visitar a Sra. Cavallari. Depois que ele saiu, o apartamento parecia muito tranqüilo e Phyllis decidiu tirar uma soneca. Sentia-se cansada — não propriamente doente, mas também não em seu estado habitual. Talvez estivesse grávida! Não, de algum modo Phyllis sabia que suas orações ainda não tinham sido atendidas. Essa sensação deixou-a ainda mais letárgica. Arrastou-se até a cama e puxou o lençol sobre si.

Dormira durante algum tempo quando ouviu crianças rindo atrás dela. Decidiu que elas deviam estar brincando em algum lugar lá fora, no entanto o som estava tão alto que parecia que elas, na verdade, estavam no quarto. As risadas continuaram, e irritaram Phyllis. Ela virou para o outro lado... e parou.

Lá, de pé perto de sua cama e olhando para ela, estavam duas crianças com os rostos emoldurados em sorrisos.

— O menino tinha cerca de oito anos de idade — recorda-se Phyllis. — Os olhos e os cabelos dele eram negros, e ele usava uma camisa listrada de malha com mangas compridas. A menina tinha cerca de quatro anos. Seus cabelos eram longos, castanho-claros, e seus olhos eram grandes e castanhos.

Surpresa, Phyllis olhava para as crianças. Quem eram elas? Como, em nome dos céus, tinham entrado na casa e chegado ao segundo andar sem que Gus ou sua mãe as tivessem ouvido? Ela deveria ficar alarmada? Porém as crianças pareciam tão relaxadas, tão encantadas com a brincadeira que obviamente haviam feito com ela. Elas não disseram nada, mas continuaram a dar risadas.

— Fiquem quietas! — Phyllis ouviu-se dizer, aborrecida. — Estou tentando dormir! — E, com isto, virou-se de costas e fechou os olhos.

Mais ou menos uma hora depois, Phyllis despertou em um quarto vazio. Aturdida, lembrou-se do estranho acontecimento. Por que ela não pensara em perguntar às crianças sobre quem eram elas ou sobre como tinham conseguido entrar no seu quarto? Que estranho que tivesse se sentido quase... *à vontade* com elas. Teria sonhado tudo aquilo? Não — a presença delas não tinha sido nada indistinta ou parecida com um sonho, e sua lembrança era tão vívida como se as crianças ainda estivessem ali. Ela ainda podia se lembrar das risadas delas, da negra franja reta do cabelo do menino, do sorriso feliz da menina...

Subitamente, como se um raio a tivesse atingido, Phyllis soube quem eram as crianças.

— Elas eram minhas, os filhos que algum dia eu teria — diz ela.

Ela soube disto com uma clareza com a qual nunca soubera de nenhuma outra coisa. Deus havia respondido às suas preces e tinha lhe enviado uma visão para confirmar isso.

Depois daquilo, Phyllis não se preocupou mais em se tornar mãe. De fato, para grande alívio de Gus, ela se tornou alegre, confiante — e absolutamente nada surpresa quando ficou grávida alguns meses depois.

— Naquela época, nenhum dos exames pré-natais estava disponível — diz ela. — Nunca fiz nenhum exame, mas sabia que o bebê seria saudável e que seria um menino.

Serenamente, comprou um marcador e bordou nele "Louis", juntamente com a figura de um menino de cabelos negros e olhos escuros, de pijama azul. Só esperou para acrescentar a data do nascimento e o peso do bebê.

Por que milagres acontecem

Louis nasceu em 17 de novembro de 1969. Era um bebê lindo e saudável, com cabelos e olhos negros. Quando Louis estava aprendendo a andar, Phyllis teve um outro aborto espontâneo, mas ela se recusou a entrar em pânico. Deus estava lhe enviando mais um filho, uma menina, e Ele sempre manteve Suas promessas. Em 1973, ela ficou grávida novamente.

— Dessa vez, bordei um marcador com a figura de uma menininha sentada em uma rosa — diz Phyllis —, e o nome "Christine".

Sua filha nasceu em 6 de setembro de 1973, quase quatro anos após Louis. Phyllis acrescentou no marcador a data de nascimento e o peso de Christine. Ela nunca mais ficou grávida.

Louis e Christine cresceram e ficaram exatamente iguais às crianças que Phyllis tinha visto. E eles sempre davam risadas, especialmente quando Phyllis estava tentando tirar uma soneca.

— Muitas vezes eu me viraria para vê-los parados perto da minha cama e rindo para mim — diz ela —, e me recordaria daquele dia maravilhoso.

De toda a eternidade, o Pai soubera que eles seriam dela, e por quaisquer que fossem as misteriosas razões, tinha lhe dado um vislumbre do céu.

Salvamento em Nashville

Sou uma argola em uma corrente, um elo de ligação entre pessoas. Deus não tinha me criado para nada. Eu farei o bem, farei o trabalho dele. Serei um anjo da paz, um pregador da verdade em meu próprio local, embora sem planejar isso — eu faço, mas guardo seus mandamentos.

— JOHN HENRY NEWMAN

A previsão do tempo em maio de 1995 no Tennessee fora muito ruim. Ventos, dilúvios e fortes tempestades de relâmpagos e raios já haviam assolado muitas partes do estado, e, quando o dia 18 de maio amanheceu, os fatigados moradores se prepararam para continuar a enfrentar as mesmas condições. Em torno de 8h 30min da manhã, em Memphis, vendavais tinham derrubado ao chão, no meio de uma rua, uma rede de acrobatas e diversas barracas de um concurso de culinária ao ar livre. A cidade de Linden começou a fechar estradas devido à inundação. Em White Bluff, árvores caídas esmagaram uma casa; em Newcastle, um *trailer* tombou. Porém, em Hendersonville, um subúrbio de Nashville, Jan Neve só notou uma chuva fraca enquanto saía para o trabalho, ela era gerente de escritório da loja de móveis Haverty's.

— Enquanto saía, falei para o meu marido: "Estarei em casa à noite!" — recorda-se Jan. — Mas nunca sabemos realmente, sabemos?

Por volta do meio-dia, uma tempestade se desenvolveu. Do seu escritório nos fundos da loja Haverty's, Jan observou-a durante um tempo através das largas vitrines da frente. A chuva parecia estranha, com uma consistência turva, e ela podia ouvir o vento aumentando. Talvez ela não devesse sair para almoçar. Indo para a sala de descanso, duas jovens colegas de trabalho passaram por ela. De repente, as luzes se apagaram.

Assustadas, as duas jovens gritaram.

— Não se preocupem, está tudo bem — assegurou-lhes Jan.

Ela se levantou, foi até a porta do escritório e com a mão direita no batente da porta inclinou-se para fora. A sala de descanso não tinha janelas, mas ela ainda conseguiu ver dentro da loja escurecida onde os fregueses estavam cautelosamente andando até a porta da frente. A chuva batia com força no vidro laminado do depósito e o céu parecia escuro e ameaçador. As luzes voltaram novamente por alguns segundos, piscaram e apagaram. Depois, inacreditavelmente, a frente da loja desmoronou.

— Foi chocante, inacreditável — diz Jan. — Ninguém sabia o que estava acontecendo — um avião a jato teria colidido com nosso prédio? Seria um terremoto? Mais tarde soubemos que um tornado havia se desencadeado, e, enquanto o vento batia em nosso prédio, que fica no topo de uma colina, pedaços das janelas da frente flutuavam no ar como se fossem *frisbees*.

Os fragmentos mortais iam de encontro aos muros, caindo sobre os fregueses, que gritavam, e estilhaçavam-se em pequeninos pedaços. O telhado desabou, e cinco aparelhos de ar condicionado caíram estrondosamente na loja.

As paredes empenaram, imensos buracos apareceram no teto. Foi então que Jan sentiu a dor.

Aturdida pela cena que se desenrolava à sua frente, Jan não tinha percebido imediatamente que sua mão direita ficara esmagada contra a parede quando a porta e o batente do escritório cederam. Agora, embora não conseguisse ver muito na semi-escuridão, sua mão parecia estar sendo fritada em uma frigideira de óleo fervente.

— Oh, Deus, ajude-me...

De alguma maneira, ela conseguiu abrir a porta com a mão esquerda e livrar a mão direita. Horrorizada, olhou para a mão.

— Sabia que estava com problemas — diz Jan. — Os tendões estavam expostos, os músculos pendiam para fora, os dedos iam em todas as direções... A mão quase tinha sido decepada. O sangue jorrava de uma artéria e eu percebi que se não conseguisse ajuda de imediato, provavelmente sangraria até a morte.

Mas o mundo ainda estava girando ao seu redor, os fregueses gritando, reboco e vidros caindo... Jan se ocultou embaixo da sua mesa para se proteger enquanto tentava pensar no que fazer.

Chamaria o 911 imediatamente. Discou o número desajeitadamente com a mão esquerda. Mas o telefone estava mudo. O vento agora estava se acalmando, Jan pegou com a mão esquerda a dilacerada mão direita e correu para a porta da frente.

— Passei sobre pessoas gritando, caí sobre mesas, móveis quebrados e escombros. Meu único pensamento coerente era chegar ao estacionamento, entrar em meu carro e dirigir até o hospital — recorda-se Jan.

Mas ela poderia fazer isso enquanto perdia todo aquele sangue?

Enquanto atravessava cambaleando a porta da frente, ficou assombrada com a devastação à sua frente. Árvores desenraizadas, fios elétricos e postes de luz jaziam no chão com o fogo correndo para baixo e para cima em sua extensão. Os prédios estavam semidestruídos e a rua estava cheia de carros virados e de escombros. Nada se movia em qualquer direção.

Mas ela *precisava* chegar ao hospital! Histérica, Jan saiu correndo do estacionamento. Um colega a seguiu, percebendo que, provavelmente, Jan estava meio enlouquecida com o choque.

— Jan, pare! — ele gritou. — Não podemos sair do estacionamento! Olhe!

Quando, ofegante e horrorizada, Jan fez uma pausa, percebeu que ele estava certo. Árvores e linhas de força estavam no teto de quase todos os carros no estacionamento, bloqueando a saída mais próxima. Incêndios estavam começando e explosões de tanques de gasolina logo ocorreriam. Jan compreendeu que iria morrer ali. O socorro não poderia chegar até ela e ela não poderia chegar até ele.

Desesperada, ela se virou — e viu Robert Morgan na sua caminhonete preta.

Robert Morgan tinha estado na loja de móveis Haverty's no dia anterior, verificando uma obra. Sua companhia havia construído um anexo de cerca de dois mil e setecentos metros quadrados para a loja, e quando as duas estruturas foram unidas, a água tinha começado a vazar quando chovia. Robert achava que o problema fora resolvido no dia anterior, mas, esta manhã, do seu escritório em Cookville, tinha conversado com o engenheiro construtor da Haverty's. Embora naquela hora só houvesse uma ligeira garoa em Nashville, o engenheiro relatara que quatro pequenos vazamentos tinham acabado de surgir.

Não parecia uma emergência muito grande, ponderou Robert enquanto saía do seu escritório. Exatamente agora, o sol estava brilhando e ele estava programado para um trabalho em Crossville, na direção oposta.

— Porém, quando entrei em minha caminhonete, tive um estranho impulso e virei-me para o oeste, em direção a Nashville — explica ele.

Enquanto Robert dirigia pela estrada interestadual 40, o sol desapareceu e ele sentiu o vento aumentando atrás dele. As rajadas tornaram-se mais próximas e mais fortes. A chuva começou. Que dia aquele estava se revelando, pensou Robert, se arrependendo da decisão tomada. Quando se aproximava da colina onde ficava a Haverty's, o vento fez sua caminhonete balançar.

— Coisas começaram a atravessar o ar voando e os carros saíram fora da estrada, mas, por alguma razão, eu simplesmente continuei a dirigir — recorda-se ele.

Em certo ponto, ele olhou a chuva sem acreditar. Ela batia com força no terreno de ambos os lados, mas parecia que nenhuma gota atingia a caminhonete. Quase como se ele estivesse envolvido em um casulo protetor... Mas aquilo era loucura.

Então, quando entrou no estacionamento da Haverty's, estourou o tornado, explodindo o mundo ao seu redor. E ele viu Jan sair correndo da loja com uma trilha de sangue atrás dela.

Jan foi cambaleando até a caminhonete. Aquele desconhecido era sua única esperança agora.

— Senhor, poderia por favor me levar até o hospital? — ela perguntou. — Estou me esvaindo em sangue.

— Sim, senhora — respondeu Robert calmamente, embora seu coração tivesse disparado diante da cena ao redor. — Mas eu não sou daqui. A senhora precisará me dizer o caminho.

— Direi.

Jan entrou na caminhonete ainda segurando o pulso. O sangue já empapara a frente da sua blusa e escorria pelos seus dois braços. Ela estava começando a desmaiar, e a dor era quase insuportável.

E como eles poderiam sair do estacionamento? Robert dirigiu-se em uma direção, mas uma árvore caída forçou-o a parar. Voltando atrás, ele se virou, mas os escombros bloqueavam o caminho.

De repente, um imenso fio elétrico flamejante caiu em direção a eles. Ia atingir a caminhonete!

— Tome cuidado! — gritou Jan.

Atônito, Robert observou o fio parar — até que sua caminhonete tivesse passado por baixo dele. Quando olhou para trás pelo espelho retrovisor, viu o fio reassumir sua direção para baixo e atingir o chão em uma chuva de centelhas.

Então, misteriosamente, a outra saída pareceu se abrir. Robert atravessou-a correndo e desceu a rua.

Ali, também havia árvores e linhas de força caídas, uma revendedora de automóveis com centenas de carros avariados, pessoas aturdidas e chorando, examinando a destruição. Nada se movia — exceto a caminhonete deles. Robert mantinha o veículo na estrada com uma das mãos e tentava tirar o cinto com a outra. Notou que Jan estava muito pálida, e se ela desmaiasse, ele não saberia como encontrar o hospital.

— Tome! — Ele estendeu seu cinto para ela, gritando para mantê-la acordada.

— Enrole-o em torno do seu braço. Faça um torniquete. Puxe-o, estique-o!

Ela fazia o que ele dizia. Ele era gentil e protetor, embora Jan soubesse que ele deveria estar tão traumatizado com tudo aquilo quanto ela. Talvez ele fosse um anjo, ponderou ela sonhadoramente, enviado exatamente quando ela mais precisava de um. Ela sempre tinha amado os anjos...

— Já estamos chegando? — perguntava Robert. Ele precisava manter a mulher alerta!

— Oh, não, — murmurava Jan. A cada quilômetro, ela ia ficando cada vez mais tonta. — Ainda há um longo caminho pela frente...

Robert tateou para achar o telefone celular e discou 911.

— Onde vocês estão? — perguntou o atendente.

— Onde estamos, senhora? — Robert perguntou a Jan.

— Em Galatan Road — murmurou ela.

Ela conseguiu ver uma ambulância vindo em direção a eles, o único veículo em movimento à vista. Mas ela passou rapidamente, com as sirenes soando alto.

— Vocês estão indo em direção ao hospital de Hendersonville, simplesmente siga em frente — tranqüilizou o atendente.

Robert obedeceu.

— Na estrada, não havia ninguém além de nós — diz ele. — Percebi que o tornado estava a cerca de 500 metros à nossa frente, porque os postes telefônicos continuavam se partindo e caindo, como se uma gigantesca mão invisível estivesse empurrando todas as coisas. Fios elétricos lançavam centelhas e troços voavam por todo lado, mas tudo continuava não atingindo a caminhonete. — Robert ligou o rádio e escutou que o tornado estava se deslocando a cerca de 70 quilômetros por hora. — Naturalmente, eu não queria me emparelhar com ele. Então, dirigia a aproximadamente 50 quilômetros por hora, mais devagar do que eu gostaria de ir, no entanto provavelmente mais seguro para nós.

O vento continuava a uivar, sacudindo violentamente a caminhonete, e de repente um imenso pedaço de revestimento prensado de parede, com centenas de pregos nele, cruzou voando a estrada em direção ao caminho deles. Ia atingir a caminhonete! Segundos depois, o lado esquerdo da caminhonete passou bem por cima dos pregos. Robert agarrou o volante, esperando pelo estouro dos pneus. Mas nada aconteceu.

Agora, Jan estava quase inconsciente. Como ele iria encontrar o hospital sem ela? E, ainda assim, Robert sabia que não era o único tomando conta de Jan. Ele diz:

— Era como se tivéssemos uma invisível mão sobre nós. Alguma coisa muito maior estava no comando.

E, claro! Bem adiante surgiu o hospital de Hendersonville. Ele entrou apressadamente no estacionamento. Eles tinham conseguido.

Um cirurgião visitante especialista em mãos estava justamente terminando uma operação no hospital. Então, fizeram uma transfusão de sangue e Jan foi levada rapidamente. Robert perambulou durante algum tempo na sala de espera da emergência para ver se havia qualquer coisa que ele pudesse fazer. Nenhum dos telefones regulares do hospital estava funcionando (posteriormente, Robert soube que a torre celular também caíra), então perguntou se alguém gostaria de usar o celular dele.

— Posso tentar saber como estão meus filhos? — perguntou uma mulher.

— Com certeza. — Robert deu-lhe o telefone. Mas o chamado dela não se completou e ela devolveu o aparelho.

No telefone de Robert, o último chamado é salvo automaticamente, e se a tecla "Enviar" é pressionada, ele disca novamente o número.

— Por alguma razão, apertei a tecla "Enviar", e a ligação dela se completou — recorda-se Robert. — Passei-lhe novamente o telefone e ela conseguiu falar com os filhos.

Durante a meia hora seguinte, três pessoas diferentes tentaram usar o telefone de Robert. Nenhuma das chamadas se completaram. Porém, todas as vezes que Robert pressionava o "Enviar", a ligação era feita. *Ele* também fez suas próprias chamadas — para a esposa, para Cookville, para a loja de móveis e até mesmo para Atlanta. O telefone só funcionava para ele.

Em um outro momento, um médico perguntou a Robert de onde ele tinha vindo e quanto tempo levara para transportar Jan ao hospital. Quando Robert descreveu a rota e a distância, diversas pessoas da equipe do hospital lhe disseram que ele devia estar enganado.

— Em um dia comum, andando rapidamente, aquele percurso duraria cerca de meia hora — concordavam todas elas.

Robert sabia que tinha dirigido lentamente para não se emparelhar com o tornado. Sabia também que apanhara Jan às 12h 30min, apenas alguns momentos após o tornado ter se desencadeado. Como, então, Jan tinha sido admitida no hospital precisamente às 12h 45min?

— Impossível — concordaram todos.

Porém, não havia absolutamente nenhuma dúvida de que Robert era um herói. Porque, durante aqueles 15 minutos críticos, a pressão sanguínea de Jan tinha caído dramaticamente e ela perdido, pelo menos, duas unidades de sangue. Parece certo que, sem ele, Jan teria morrido rapidamente.

Por que milagres acontecem

Finalmente, alguém devolveu o cinto de Robert e ele partiu para recuperar o que pudesse da sua programação. Só no dia seguinte ele dirigiu sua caminhonete de volta a Cookville, e levou-a para a oficina para que o sangue fosse lavado. A salvo na oficina e não sendo mais necessários, seus dois pneus esquerdos finalmente arriaram — por causa daquelas imensas perfurações claramente visíveis que os pregos tinham feito muitos quilômetros atrás.

De forma extraordinária, embora pelo menos 20 tornados tenham sido observados no estado e o dano patrimonial tenha sido extenso, não houve nenhuma fatalidade relacionada à tempestade em Nashville no dia 18 de maio. E após uma longa cirurgia, Jan Neve está se recuperando bem, e ainda está admirada com o que Deus fez por ela.

— Eu penso: "Neste universo todo, eu?" — diz ela. — Mas Deus tinha tudo nos seus lugares — o especialista em mãos bem no hospital, a proteção ao longo do caminho e, acima de tudo, Robert Morgan, que nem sequer tinha planejado estar em Nashville naquele dia. Para mim, Robert será sempre um anjo.

— As pessoas que me conhecem bem vão lhe dizer que eu não sou nenhum anjo. — Robert sorri com pesar. — Mas o Senhor realmente manteve Sua mão sobre nós.

E no caso de qualquer dúvida ter permanecido, Ele ainda deixou para eles um outro sinal no dia seguinte ao tornado. Funcionários do escritório central da Haverty's tinham ido inspecionar o dano e, bem do lado de fora da loja, seguiram a trilha do sangue de Jan até o exato local onde Robert estacionara a sua caminhonete.

Estendido no chão, eles encontraram um pedaço de metal que o vento havia encravado em alguma madeira compensada. O metal tinha a forma de uma cruz.

Anjo Inocente

Seguindo nuvens de glória, realmente viemos
De Deus, que é o nosso lar:
O céu permanece perto de nós em nossa infância!
— WILLIAM WORDSWORTH,
"ODE: *INTIMATIONS OF IMMORTALITY*"

Quando uma mulher tem a grande sorte de encontrar a cabeleireira perfeita, ela não quer que nada se modifique. É por essa razão que Marcia Wilson, uma professora de educação física em San Gabriel, na Califórnia, ficou um pouco preocupada com a aproximação da data do parto de sua cabeleireira grávida.

— Vou precisar de um corte logo após a chegada do seu bebê — disse ela a Randi. — Alguém ocupará seu lugar no salão temporariamente?

— Não, mas eu não moro longe de você — disse Randi. — Eu ficaria contente de fazer seu cabelo em minha casa.

A princípio Marcia não levou isso a sério. Randi já tinha uma filha de quatro anos e logo teria um recém-nascido.

— Eu não estaria abusando? — perguntou ela.

Mas Randi assegurou que não era problema, e quatro dias após a nova filha de Randi, Nicole, nascer, Marcia telefonou para se certificar de que Randi estava se sentindo bem o suficiente para manter o combinado.

— Estou ótima — disse Randi. — Venha logo!

Marcia nunca tinha estado na casa de Randi, mas encontrou-a com facilidade. Enquanto saía do carro, olhou para a casa e notou as grandes janelas da frente e as cortinas brancas. Havia uma linda menininha na janela, puxando excitadamente as cortinas para trás e acenando para Marcia.

— Ela está aqui! — Marcia ouviu o grito dela.

A filha mais velha de Randi. As cortinas se fecharam e Marcia sorria enquanto andava até a porta da frente. Obviamente, a criança mal podia esperar para exibir sua nova irmãzinha.

No entanto, quando Randi abriu a porta e Marcia entrou, não havia nenhum sinal da menininha. O bebê Nicole estava dormindo em um bebê-conforto no chão da sala de estar. Talvez Randi tivesse mandado a filha mais velha para uma outra sala para brincar ou assistir televisão enquanto ela cortava o cabelo de Marcia.

As mulheres conversavam e, de vez em quando, Marcia virava a cabeça para olhar o bebê cochilando a cerca de uns quatro metros de distância. Finalmente, a menininha apareceu de novo na sala de estar e ajoelhou-se perto de Nicole, abraçando protetoramente o bebê-conforto com os braços. Ela não disse nada, mas olhou para Marcia com orgulho e encantamento evidentes, sorrindo abertamente. *Sim, o bebê é bonito*, Marcia enviou um pensamento para a criança.

— Sua filha está realmente satisfeita com Nicole — observou ela para Randi.

— Ela está gostando de ser uma irmã mais velha — concordou Randi. Entretanto, um minuto depois, quando Marcia olhou novamente para o bebê, a menininha tinha ido embora.

Randi continuou cortando o cabelo, e após uns instantes, Marcia percebeu que não havia nenhum som vindo da outra sala.

— Sua filha está se comportando muito bem — disse ela.

— Sim. — Randi acenou afirmativamente com a cabeça. — Desde o nascimento, ela tem dormido bastante.

— Não, estou falando da sua outra filha. Não é comum uma criança de quatro anos ficar tão quieta assim por tanto tempo.

O pente de Randi parou no meio do ar.

— A respeito de que você está falando?

— Da sua filha *mais velha*, a que está na outra sala. — O que haveria de errado com Randi? Marcia se perguntou.

Randi parecia perplexa.

— Sra. Wilson, minha filha mais velha não está em casa hoje. Ela está com a babá.

— Mas... quem é a criança que esteve perto do bebê?

— Que criança? Não há ninguém aqui além de você, Nicole e eu.

Aturdida, Marcia olhou para Randi. Ela *tinha* que ter visto a menininha — olhara bem na direção dela! E a criança não estava, literalmente, explodindo de alegria com o novo bebê, celebrando com tal ar de proprietária que se pensaria que o bebê pertencia a *ela*?

Foi então que Marcia compreendeu que algo muito especial tinha acontecido.

— Acho — disse ela lentamente para Randi — que acabei de ver o anjo da guarda do seu bebê.

Hoje, Marcia ainda pode sentir o brilho daquele dia maravilhoso.

— Os anjos não aparecem apenas com harpas e luzes brancas — diz ela. Às vezes, eles vêm quando menos se espera.

Muitos Lugares por Onde Andar

Um milagre é um acontecimento que cria a fé. Este é o propósito e a natureza dos milagres.

— GEORGE BERNARD SHAW, *SAINT JOAN*

Um tipo intrigante de milagre é a multiplicação de alimentos ou de outras coisas. Deus ainda faz isso? Ou esses sinais e prodígios estavam limitados aos tempos primitivos? Pergunte a Wendy Thaxter.

Em 1991, passando dificuldades devido a um mau momento econômico em Connecticut, Wendy, com 22 anos de idade, e sua amiga Sally foram para Iowa, onde os empregos eram mais abundantes.

— Ficamos com amigos, e depois alugamos um apartamento — diz Wendy.

Parte da atração do apartamento eram os dois rapazes que moravam do outro lado do corredor. As moças logo começaram a namorá-los.

Sally e o namorado romperam, e ela voltou de repente para Connecticut, deixando Wendy com o último mês do aluguel e outras contas para pagar. Porque não tinha dinheiro algum para um depósito de garantia em outro apartamento, Wendy aceitou o oferecimento dos rapazes de ficar temporariamente com eles.

— Durante algum tempo, tudo correu muito bem, mas Jack, o meu namorado, logo começou a mudar — diz Wendy. — Cada vez mais, ele ficava de mau humor e irritado. Uma vez, ele me falou uma coisa que me deu calafrio nos ossos.

Jack falara que quando a esposa dele tinha pedido o divórcio, ele pensara em matá-la. Não o tinha feito porque não queria que sua filha crescesse sem os pais.

Wendy ficou horrorizada. Depois, uma amiga a alertou para o fato de Jack estar começando a agir de modo "esquisito", dizendo coisas estranhas e hostis a respeito dela. Ela precisaria se afastar de Jack. Mas, como? Ainda não tinha economizado dinheiro suficiente. Quando seu avô em Connecticut ficou doente, Wendy decidiu ir para casa.

— Comecei a expedir caixas para minha mãe — recorda-se Wendy. — Jack pensava que eu estava pondo trastes desnecessários em um depósito.

Ele *estava* se comportando de modo estranho e ela se sentia apreensiva com a partida. O que ele faria quando descobrisse que ela tinha ido embora?

Em uma sexta-feira, os dois rapazes estavam fora e Wendy carregou apressadamente seu Thunderbird 1986, dirigindo-se para um motel da vizinhança.

— Telefonei para minha patroa, expliquei a situação e saí do emprego. Ela foi muito compreensiva — diz Wendy. — Depois, telefonei para o meu pessoal em Plainville e disse que me esperassem em algum momento do domingo à noite.

Wendy não contou aos pais que estava em perigo — por que preocupá-los? Mas ela se revirou a noite toda. Jack trabalhava logo no final da rua do motel. E se ele visse o carro dela quando estivesse indo para casa?

Às 7 h da manhã de sábado Wendy pôs-se a caminho. Parou para encher o tanque de gasolina e, então, contou o que restava do seu dinheiro antes de pegar a estrada. Cinqüenta e seis dólares. Nenhum cartão de crédito. Poderia chegar em casa só com aquilo? Precisava fazê-lo.

Ela só parou uma vez, em Indiana, onde comeu e pôs gasolina novamente. Por volta das 7 h da noite, ela estava em algum lugar perto de Toledo. Encontrou um desarrumado quarto de motel por 30 dólares, colocou outros 10 dólares de gasolina e telefonou para os pais. Agora, uma boa noite de sono! Mas havia festas barulhentas acontecendo e a porta do quarto de Wendy era fina, com apenas uma fechadura do tipo das que têm um botão para ser empurrado. O sono fugiu dela, mas, pelo menos, tinha escapado de Jack. Só mais um dia e estaria em casa.

Na manhã de domingo, antes do amanhecer, ela estava na estrada.

— Quando cheguei na Pensilvânia, comecei a procurar a saída que levaria a Hartford e depois a Plainville — diz ela. — Em determinado ponto, parei e botei os meus últimos cinco dólares de gasolina no tanque.

Wendy não estava muito preocupada, já que tinha à sua frente apenas algumas horas a mais. Mesmo que ficasse sem gasolina a uns poucos quilômetros de casa o seu pai poderia ir pegá-la.

Porém, ela havia perdido o retorno. E quando viu a placa de BEM-VINDO A NOVA JERSEY, soube que estava com problemas. Não devia estar em Nova Jersey. Agora, eram quase 6 h da tarde, com um trânsito tipo pára-choque com pára-choque nas quatro pistas, movendo-se a mais de 100 quilômetros por hora. Ela não poderia retornar mesmo que quisesse — ou que soubesse para onde ir. Perto de Paterson, ela deu uma olhada no indicador de gasolina. O ponteiro estava no Vazio.

Muitos Lugares por Onde Andar

Wendy entrou em pânico. A tensão dos dias anteriores finalmente a pegara, e as lágrimas escorreram pelo seu rosto. Por causa de uma obra, as quatro pistas se uniam em duas e, depois, voltavam a quatro novamente. Em algum lugar ao longo do caminho, I-80 tornou-se I-95. Wendy continuava a dirigir, esperando seu carro estalar e parar. Foi um pesadelo.

Soluçando, ela chegou na ponte George Washington e viu a placa "PEDÁGIO: 4 dólares". Podia muito bem ter sido 400.

— Oh, Deus, o que vou fazer? — chorava ela. — Por favor, leve-me para Connecticut...

Procurou a carteira — talvez não tivesse contado algumas moedas. Sim! Wendy contou *exatamente* quatro dólares em trocados, nem um centavo a mais. Agora poderia atravessar a ponte, parar o carro no acostamento, encontrar um telefone...

— Mas agora eu estava no Bronx, e não era seguro parar — diz ela. — Continuei a dirigir, a chorar e a rezar uma única longa e contínua oração: "Oh, Senhor, *por favor*, leve-me para Connecticut, *por favor*, então eu posso telefonar para os meus pais..."

O ponteiro permanecia no Vazio. Mas o carro continuava a andar.

No entanto, quando Wendy viu o posto automático de pedágio seguinte, ela quase gritou. O que faria agora? Histérica, abriu rapidamente a carteira e olhou dentro, mesmo sabendo que estava vazia. Mas ela *não estava* vazia. Novamente, havia moedas ali, desta vez o montante de um dólar, o valor exato do pedágio.

— Não percebi completamente o quão inacreditável isto era, como o indicador de gasolina permanecia no Vazio e como minha carteira continuava a produzir dinheiro — diz ela. — Eu simplesmente continuava dirigindo, porque não havia nenhuma maneira de parar. As estradas estavam terríveis e eu esperava estourar um pneu a qualquer minuto. Se eu diminuísse a velocidade, os motoristas buzinariam e piscariam os faróis. Os meus nervos estavam tão tensos quanto poderiam estar.

Então, ela a viu adiante. Uma placa dizendo BEM-VINDO A CONNECTICUT. Chorou novamente, desta vez agradecendo a Deus por responder à sua oração.

— Eu tinha pedido a Ele apenas para me levar até Connecticut, por isto esperava ficar sem gasolina tão logo atravessasse a fronteira — diz ela. — Mas eu devia ter conhecido Deus melhor do que aquilo. Ele não iria me conduzir todo aquele caminho e, depois, abandonar-me quando ainda precisava Dele.

Não, Wendy dirigiu muitos quilômetros a mais até Darien, onde encontrou a primeira parada que ela tinha visto desde a Pensilvânia. Fez uma chamada a cobrar para os pais, que estavam preocupados e depois sentou-se ao lado da estrada até eles a encontrarem, encheram o tanque do carro dela de gasolina e levaram-na ao restaurante para comer sua primeira refeição desde o café da manhã. Era quase meia-noite.

— Acredito que naquele domingo eu me desviei, no mínimo, uns 600 quilômetros do meu caminho — diz Wendy. — Meu carro estava carregado e pesado, e queimou muita gasolina. Ele também queimou a segunda metade do tanque mais rápido do que a primeira, especialmente a 100 quilômetros por hora.

Portanto, não havia nenhuma razão para que Wendy tivesse sido capaz de dirigir durante cinco horas com cinco dólares de gasolina. Ou de pagar pedágios tirando dinheiro de uma carteira que estava vazia. Mas ela o fez.

— Essa experiência foi o momento decisivo no meu relacionamento com Deus — diz ela. — Fui educada como metodista e ia à igreja até minha confirmação. Mas, na igreja ou em qualquer outro lugar, não me sentia próxima a Deus. Achava que Ele não tinha muito a ver conosco até a hora da nossa morte.

Porém, hoje, ela sente Sua amorosa presença todos os dias. E ela acredita em milagres.

Hannah Lords, de Stanwood, Washington, também. Ela tem experiências suficientes para encher vários livros. Mas talvez seja porque a própria Hannah passou grande parte da vida fazendo milagres para as outras pessoas.

Quando o último dos seis filhos dos Lords se casou, Hannah e o marido Bill decidiram realizar um sonho de muito tempo: trabalhar com os pobres. Eles se desfizeram dos móveis e de outros objetos da casa e abriram uma cafeteria, chamada O Refúgio, em uma lavanderia abandonada do outro lado da rua onde ficava o escritório de assistência social em Everett. Nos fundos do prédio, eles fecharam um espaço para dois quartos e um banheiro para seu próprio uso.

— Nosso desejo era darmos 100 por cento de nós mesmos para o Senhor — explica Hannah. — Morar no prédio nos permitia canalizar os salários de Bill como motorista de caminhão, juntamente com quaisquer outros fundos que pudessem se materializar, diretamente para nossa obra.

N'O Refúgio, Hannah e Bill recebiam viciados, vítimas e agressores e pessoas que não tinham casa.

— Nós os alimentávamos e mantínhamos tocando uma suave música de louvor de fundo, e líamos a Bíblia para equilibrar a dor que atravessava a porta todos os dias — diz Hannah. — Eu cozinhava, limpava, pagava as contas, rezava com as pessoas, conduzia grupos de estudo da Bíblia...

E ela começou a encontrar prodígios, um após o outro.

Uma noite, Hannah viu anjos — grandes criaturas de branco, paradas entre os respiradouros do telhado, observando os Lords e seu trabalho. Muitas vezes, quando estava orando por uma pessoa intoxicada, Hannah a via tornar-se sóbria em segundos. E, em uma manhã especial, ela testemunhou seu próprio milagre da multiplicação.

Um grupo de jovens que ajudavam os Lords acabara de chegar para uma sessão matinal de oração. Linda, a filha dos Lords, também estava lá, juntamente com um policial e um jovem que ele havia acabado de pegar portando drogas — com freqüência o policial trazia jovens problemáticos para O Refúgio, na esperança de que suas vidas pudessem ser mudadas. A oração começou, "e logo todos nós alcançamos um estado de reverência, como se estivéssemos suspensos entre o céu e a Terra", recorda-se Hannah.

Foi um interlúdio abençoado, mas quando o meio-dia se aproximou, Hannah percebeu tardiamente que tinha deixado o almoço do Bill na posição "baixo" do seu forno enferrujado durante todo o tempo. Seria uma refeição horrível e completamente ressequida — duas pequenas fatias de bolo de carne e uma pequena concha de purê de batata, tudo o que havia sobrado do jantar da noite anterior. E aqueles jovens também estavam com fome. Como poderia alimentá-los? Ela detestava ter que admitir para seus convidados que Deus providenciava a subsistência deles apenas *parte* do tempo!

Ainda louvando e cantando, Hannah escapuliu para a cozinha. Linda a seguiu e riu enquanto observava a mãe colocar impulsivamente 12 pratos de papel em fila.

— Linda, eu nunca servi a uma pessoa sem servir a todas as outras — disse Hannah.— Vou simplesmente colocar um pingo de comida em cada prato, e terá que ser assim!

Hannah tirou do forno a pequena vasilha com o bolo de carne ressequido e examinou-o com uma colher grande de servir. A colher afundou até o fundo da vasilha, e quando Hannah a puxou para cima, ela trazia duas grandes fatias suculentas de bolo de carne! Mas as duas fatias originais ressequidas ainda estavam na vasilha! Espantada, Hannah moveu-se para o prato seguinte e mergulhou novamente a colher. A mesma coisa aconteceu. Mais duas fatias de suculento bolo de carne se materializaram na colher. E de novo, e de novo!

— Naquele momento, Linda e eu estávamos rindo e chorando ao mesmo tempo — diz ela. — Seria isto verdade ou estávamos apenas imaginando coisas?

Hannah moveu-se por toda a fileira de pratos, repetindo suas ações. E quando todos os 12 pratos tinham uma deliciosa e suculenta carne neles — e as duas porções originais ainda permaneciam na vasilha —, ela tirou a segunda panela do forno. Nela, estavam os restos de um purê de batata seco e amarelado. Porém, quando ela quebrou a crosta enrijecida, sua colher desapareceu dentro de um macio purê de batata!

— No início, coloquei uma pequena porção em cada prato, assumindo que tinha tido tanta sorte com a carne que era melhor não levar as coisas longe demais!

Hannah ri. Porém quando todos os 12 pratos estavam servidos, mais batata permanecia na panela. Ela andou em volta novamente até que cada prato tivesse uma grande elevação branca.

Então, Hannah se lembrou de um molho de alface congelado que estava em sua velha geladeira.

— Retirando o invólucro plástico, senti a alface estalando em minha mão — diz ela. — Hesitei, mas um pouco de verde tornaria os pratos mais atraentes.

Então, ela desceu a fileira quebrando nacos de alface congelada — só para vê-los se transformarem em folhas frescas nos pratos.

Ninguém poderia ter ficado mais surpreso do que aquelas pessoas à mesa quando Hannah lhes contou o que havia acontecido. Todos se regozijaram e agradeceram à Pessoa que cuidava tanto delas que até providenciara sobras celestiais para o almoço.

— Linda e eu tínhamos detestado deixar o louvor que acontecia na sala — diz Hannah. — Mas, servindo a outras pessoas, nos foi dada uma experiência que nos levaria a louvá-Lo ainda mais!

Pam Smith, de Merkel, no Texas, não é estranha à fé. Quando trabalhava como garçonete em uma parada de caminhões na Pennsilvânia, muitas vezes encontrava pessoas famintas e nunca mandou ninguém embora.

— Eu pagava pelas refeições delas com minhas gorjetas — diz ela —, e sempre era ricamente abençoada com um sorriso de gratidão, um caloroso aperto de mão ou um abraço. E, naquelas noites, parecia que minhas gorjetas eram particularmente boas! Eu sempre tinha o dinheiro que precisava para viver e não desejava mais nada.

Deus, como Pam sabia, não pode ser superado em generosidade.

No entanto, no último ano, Pam e seu marido passaram por algumas dificuldades financeiras. O dinheiro estava muito apertado, e, para tornar as coisas piores, Corky, o idoso bassê de Pam, desenvolveu sérios problemas de saúde.

— O médico foi muito simpático, mas achou que Corky só viveria mais uma semana, ou algo assim — diz Pam. — Rezei muito — e Corky começou a se recuperar!

O veterinário considerou *aquilo* um milagre, mas, para continuar bem, Corky precisaria tomar três remédios diferentes. Todos eram caros.

— Estou começando a compreender que posso ir ao meu Pai Celestial com qualquer coisa — diz Pam. — Então, com a fé de uma criança, eu disse: "Senhor, não tenho o dinheiro que preciso para os medicamentos de Corky e não acho que eu tenha força para perdê-lo logo agora. Mas estou colocando isto em Suas mãos."

O que aconteceu?

— Durante os últimos dois meses, temos dado ao Corky seu antibiótico — diz Pam. — Só compramos a prescrição de um mês, mas o frasco nunca fica vazio.

O complemento vitamínico do cachorro, uma provisão para apenas 30 dias, tem durado mais de três meses. E Pam não consegue se lembrar da última vez que comprou pílulas para Corky, contudo, sempre há uma quando ela pega o frasco.

— Acho que o Senhor ama os animais tanto quanto nos ama — diz Pam. — Tudo que posso fazer é elevar meu coração a Ele e agradecer por nossas bênçãos.

Por que milagres acontecem

Embora outrora os milagres de multiplicação parecessem raros, Bruce Simpson, de Orlando, na Flórida, diz que está ouvindo falar cada vez mais de tais acontecimentos. Um muito especial aconteceu com ele alguns anos atrás, quando ele e a esposa, Linda, estavam dirigindo uma missão paroquial em Rochester, em Michigan, subúrbio de Detroit. Pai de seis filhos e diácono ordenado da Igreja Católica, Bruce também fundou um ministério mais abrangente, a Comunidade Bom Pastor, para patrocinar dias de renovação, ensinamentos a grupos de oração, retiros e outras obras de evangelização. A comunidade é mantida por doações, e normalmente uma coleta é feita pelos Simpson durante um encontro de oração.

Em Rochester, naquela noite, o maestro Bob★ pediu a Bruce para rezar por sua situação de trabalho.

— Bob já estava desempregado há bastante tempo e naquela idade em que com freqüência é difícil, se não impossível, a pessoa reentrar no mercado de trabalho — explica Bruce.

Enquanto Bruce rezava por Bob, sentiu subitamente como se estivesse recebendo uma mensagem, às vezes chamada de "uma palavra profética", do Espírito Santo. Chamou Linda para um canto, contou-lhe o ocorrido e pediu-lhe para rezar com ele por discernimento. Linda assim fez, e também acreditou que a comunicação era genuína.

A mensagem orientava Bruce a pegar 100 dólares do dinheiro da coleta, colocá-los em um envelope, lacrar o envelope e entregá-lo a Bob e a sua esposa Sheila.

— Para nós, era uma grande soma para despender — diz Bruce —, mas fiz o que acreditava que o Senhor estava me orientando a fazer.

Quando Bruce chamou o casal e entregou-lhe, na frente de todo mundo, o envelope lacrado, ele também declarou o resto das palavras que tinha ouvido:

— "Este é um presente de boa sorte para vocês, um primeiro pagamento", diz o Senhor, "vou providenciar e abrir uma porta de oportunidade para você, melhor do que qualquer coisa que você já experimentou antes."

Bob e Sheila ficaram extremamente gratos aos Simpson, não só pela mensagem de esperança como também pela ajuda prática. Saíram da reunião segurando o envelope fechado.

Um ano mais tarde, Bruce e Linda voltaram novamente a fazer reuniões no subúrbio de Detroit. Bob estava lá, e lhes contou o restante da história.

Naquela noite, quando Bob e Sheila voltaram para casa com o envelope, sentiram que havia algo de sagrado com relação a ele.

— Então, nós o pusemos, ainda lacrado, no consolo da lareira — contou Bob.

Muitos dias depois, o casal precisou de comestíveis e não possuía dinheiro algum.

— Abra o envelope e veja se há o suficiente — disse Bob a Sheila.

Ela o fez, e conseguiu comprar a quantidade semanal habitual.

Um ou dois dias depois, eles pegaram dinheiro e colocaram gasolina no carro. Depois, uma conta precisava ser paga, e eles a pagaram com o dinheiro do envelope.

— Depois daquilo, foi a vez da hipoteca, e de outras contas mensais normais — continuou Bob. — Pagamos todas elas, tudo — com o dinheiro do envelope. Na verdade, Bruce, aquele dinheiro nos manteve durante vários meses. Ele não acabou até que me ofereceram o melhor emprego que eu já tinha tido, um trabalho que paga muito mais do que os meus anteriores. — Bob olhou para Bruce com lágrimas nos olhos. — O Senhor realmente abriu uma porta de oportunidade para nós, exatamente como sua palavra profética havia prometido — disse ele. — Mas nunca poderíamos ter feito isto sem sua incrivelmente generosa ajuda financeira.

Por que milagres acontecem

Mas tinham sido apenas 100 dólares... O coração de Bruce estava batendo com força. Que honra fazer parte de tal milagre!

— Às vezes, brinco com minha família que entreguei o envelope errado — diz Bruce sorrindo. Mas ele sabe o que realmente aconteceu. — Linda e eu demos o pouco que tínhamos em obediência, como o rapaz com os cinco pães e os dois peixes. E Jesus fez a multiplicação.[7]

Desconhecido no Fogo

Veja, estou enviando um anjo antes de você para guardá-lo no caminho...
— ÊXODO 23:20

Macy Krupicka, com seis anos de idade, e sua família haviam acabado de voltar de Houston, onde tinham ido visitar amigos. O dia fora cheio de advertências sobre tornados, típicos de cidade de Oklahoma no início de julho. Na verdade Macy não tinha *pavor* de tempestades, mas quando foi para a cama naquela noite, estava contente porque tudo parecia calmo. Seus pais já haviam acomodado Amy, de três anos, e o bebê Kent em suas camas. Depois, como fazia todas as noites, seu pai tinha trancado o ferrolho da porta dos fundos com uma chave especial. Macy sabia que a porta não podia ser aberta pelo lado de fora sem aquela chave.

— Se eu pusesse a chave perto da porta dos fundos, alguém poderia quebrar a janela, alcançá-la e pegá-la —, papai lhe explicara um dia. — Então, eu mantenho a chave escondida.

Papai estava sempre cuidando deles, pensava agora Macy enquanto se aninhava em seus frios lençóis. Ele era um pouco como Deus, percebeu ela — pelo menos, com o que ela começara a aprender a respeito de Deus. Deus e Seu filho Jesus cuidavam muito dela, exatamente como seus pais. Seis meses atrás, Macy tinha caminhado pela nave lateral da igreja batista Village e aceitado Jesus como seu Senhor e Salvador. Era um grande compromisso para uma menina tão pequena. Mas ela não teve dúvidas. Agora seus olhos se fechavam enquanto ela deslizava para dentro dos sonhos.

Era meia-noite quando um barulho alto a acordou. Confusa, ela se sentou. Trovão... Sim, uma grande tempestade se alastrava do lado de fora. Macy podia ver o brilho dos raios. Teria sido a chuva batendo que a despertara? Mas ela sentiu que era algo mais.

Levantou-se da cama e desceu o corredor em direção ao quarto dos pais. Havia alguma coisa estranha com relação ao corredor. Fumaça! Macy parou, seu coração batia com força. Agora ela podia sentir o odor acre e ver alguma coisa tremeluzindo na sala de estar. O barulho tinha sido um raio atingindo a casa, entrando através dos circuitos elétricos e deixando o sofá em chamas.

— Fogo! — ela ouviu o pai gritar. — Chame os bombeiros!

— As crianças! — Aquela era mamãe, parecendo amedrontada.

— Mamãe! — gritou Macy. — Papai!

Ninguém respondia. Saberiam eles que ela estava no corredor? Agora, a fumaça estava mais espessa e línguas de fogo moviam-se furtivamente, atravessando o teto da sala de estar em direção ao vestíbulo, onde ficava a porta da frente. Talvez ela devesse tentar sair por ali — pelo menos não havia nenhum ferrolho para destrancar. E se as chamas se precipitassem pelo vestíbulo e a queimassem? Amedrontada, Macy permaneceu na agonia da indecisão. Ela podia ouvir a voz assustada da mãe falando com os bombeiros no telefone. Mas não podia chegar até ela.

De repente, lá estava papai, bem ao seu lado! Ele pegou sua mãozinha e ela **ficou** inundada de paz, apesar do apavorante ambiente ao seu redor. Entretanto, **em vez** de ir em direção ao vestíbulo, papai conduziu-a de volta pelo corredor, em **direção** à outra porta, evitando as chamas.

— Venha por aqui — disse ele suavemente. — Vamos sair pela porta dos **fundos**.

Com toda a confusão, ele teria se lembrado da chave? Mas o aperto da sua mão era caloroso e confiante, e ela sabia que não precisava ter medo. Papai sempre sabia o que fazer.

Macy não viu papai inserir a chave no ferrolho e ele também não soltou sua **mão**. Mas a porta se abriu com facilidade, e, logo, ela estava na varanda dos fundos, com a chuva escorrendo pelo seu rosto e encharcando seu pijama. E papai tinha **ido embora**!

— Papai! — ela chamou. — Volte!

A porta dos fundos estava fechada, mas ela a abriu e olhou com atenção a área, **agora** enchendo-se rapidamente com a fumaça.

— Papai? — Entrou e fechou a porta atrás dela, mas estava escuro. Saiu novamente, mas tudo estava molhado. — O que devo fazer? — perguntou para si mesma. — Onde *está* todo mundo?

Atordoada, entrou novamente, fechando a porta atrás de si. Exatamente naquele **momento**, sua mãe entrou correndo.

— Macy, precisamos sair! — gritou mamãe. — Esta porta não vai abrir — não sei onde está a chave —, então vamos pela da frente...

— Ela abre, vê? — Macy abriu a porta. — Eu já estive lá fora. Mas está chovendo.

— Como...? — A mãe dela olhou fixamente para a porta e depois segurou a filha. — Não importa, vamos embora!

Macy e a mãe atravessaram a grama molhada, dando a volta até a frente da casa. Puderam ver Amy e Kent perto da porta da frente na varanda. As pestanas e sobrancelhas do pequeno Kent estavam chamuscadas e Amy soluçava. Papai também estava lá, e tentava entrar de novo na casa, apesar das chamas. Ele não as tinha visto. Elas correram até ele, mas ele desapareceu na fumaça.

— Wayne, saia! — gritou a mãe de Macy.

— Papai foi procurar Macy! — disse Amy chorando.

— Mas eu estou bem aqui! — gritou Macy. Por que papai estava tão confuso?

Seu pai voltou cambaleando para a varanda, com um olhar de desespero no rosto.

— Não consigo achar Macy! — falou para a esposa. — Lá dentro, a fumaça está espessa demais para ver alguma coisa!

— Papai! Papai, estou bem aqui! — gritou Macy.

Seu pai parou de tossir. Macy observou a expressão dele, assustado e sem esperança, transformar-se em alegria.

— Macy! — gritou ele, correndo para abraçá-la. — Graças a Deus! Graças a Deus você está salva! Eu tentei encontrá-la, mas não consegui atravessar as chamas...

Ele olhou com atenção para o rosto dela.

— Como você fez isto, Macy? — perguntou. — Como conseguiu sair, sozinha, por aquela porta dos fundos trancada?

Desde o incêndio, já se passaram 14 anos e a mãe de Macy, Juanita, ainda se maravilha com o que aconteceu, e com o que veio depois.

— Nos meses seguintes, Macy não sofreu qualquer trauma, ansiedade ou pesadelos, coisas que teriam sido normais em uma criança pequena — recorda-se ela. — Ao contrário, só havia uma sensação de segurança e de tranqüilidade. Quão glorioso foi Deus cuidando do seu bem-estar emocional tanto quanto da sua segurança física!

E Macy?

— Acho que, logo depois, compreendi que Deus tinha enviado um anjo para me salvar — diz ela. — Mas não apenas um anjo *qualquer*. Enviou um que se parecia com o meu pai, porque Ele sabia que estar com meu pai faria eu me sentir segura.

E ela também não se esqueceu do toque daquela mão que, hoje — como o fez naquele dia —, lhe dá apoio contra o fogo e a chuva.

O Manto de Maria

Todas as coisas brilhantes e belas,
Todas as criaturas grandes e pequenas,
Todas as coisas sábias e maravilhosas,
O Senhor Deus fez todas elas.

— CECIL FRANCIS ALEXANDER,
"ALL THINGS BRIGHT AND BEAUTIFUL"

Quando as bombas caíram do céu na manhã de domingo do dia 7 de dezembro de 1941, Pearl Harbor, no Havaí, não foi a única cidade a sofrer. Muitas áreas nas Filipinas também foram atingidas, inclusive a cidade de Baguio. Baguio era um lugar de pinheiros e montanhas, cercado por campos e minas de ouro, onde Lolo Joaquin trabalhava como engenheiro. A família de Lolo, constituída de católicos devotados, tinha passado o fim de semana visitando-o no local da mineração e estava voltando para casa em Baguio, para ir à missa, quando ouviu as bombas explodindo. Horrorizada, a família manobrou o carro e voltou em alta velocidade para a segurança relativa do acampamento. Durante os muitos meses seguintes, eles e muitas outras pessoas ficaram perto de Itogon em uma missão dirigida pelo padre Alfonso, um sacerdote belga e amigo de longa data.

Lolo havia se graduado na Escola de Mineração do Colorado e tinha amigos americanos. Portanto, enquanto o Exército japonês invadia cidade após cidade, ele se envolveu no movimento de resistência. Sabendo que o metal seria transformado em balas usadas contra seus amigos, recusou-se a trabalhar nas minas de cobre. Dentro de fatias de pão recentemente assado, sua esposa, Lola, escondia mensagens para os prisioneiros americanos em campos de concentração. Porém, ambos sabiam que era apenas uma questão de tempo antes de os japoneses invadirem áreas mais distantes e descobrirem suas atividades.

No início de outubro de 1942, quando começou a estação das monções, espalhou-se a notícia de que os soldados japoneses estavam se dirigindo na direção deles.

— Vamos nos embrenhar mais nas montanhas, até Dalupiri — disse o padre Alfonso às famílias que tinham permanecido com ele.

Poderiam se esconder na tribo Benguet, cujos reis eram solidários à situação angustiante deles.

A viagem começou nas primeiras horas do dia, mas Lolo logo percebeu que para a família dele a travessia iria ser difícil. Os Joaquin não somente estavam viajando com quatro crianças pequenas como também Lola havia passado recentemente por um aborto espontâneo e ainda estava muito fraca. À medida que os quilômetros passavam e as trilhas iam se tornando mais rochosas, com freqüência ela tropeçava e caía. Outras famílias tentavam ajudar, e Lolo sabia que as estava retardando. Com os japoneses nos seus calcanhares, isto poderia ser desastroso para todo mundo.

— Vá em frente — disse ele finalmente ao padre Alfonso. — Nós os alcançaremos.

O padre concordou, relutante.

— O mais cedo que pudermos, enviaremos pessoas para ajudarem a carregar Lola — prometeu ele. — Fiquem com Deus.

— E vocês também.

Logo, seus amigos tinham ido embora. Amedrontados, todos se entreolharam.

— Papai, está começando a chover. — Patrícia, de nove anos, olhava com ansiedade para o céu.

Lolo seguiu o olhar dela. As nuvens estavam se agrupando e o sol desaparecera, deixando uma friagem no ar.

— Venham — disse ele, erguendo o bebê Sonny. — Tudo ficará bem.

Porém, isto não foi muito antes de o vento e a chuva atingirem o pequeno grupo. Logo, todos estavam encharcados. O bebê choramingava e Teresita, de sete anos, corria quando as árvores balançavam sussurrando agourentamente. Lola ficava cada vez mais exausta. As monções haviam começado. Como poderiam prosseguir?

Logo, a trilha ficou tão estreita que só permitia uma pessoa passar de cada vez. À direita, erguia-se o penhasco escarpado, ereto, pétreo e amedrontador. À esquerda, um abismo que terminava em um rio transbordante. A chuva continuava batendo com força enquanto eles lutavam para permanecer de pé na escorregadia ribanceira. Finalmente, Lolo parou.

— Vamos nos sentar agora — disse ele calmamente, embora Patrícia tivesse visto a preocupação no seu rosto antes de a última luz desaparecer. — A mãe de vocês precisa descansar.

Lentamente, a família pôs as trouxas no chão e se sentou contra as rochas. Lolo percebeu que escurecia. E pior, em algum lugar nos últimos dois ou três quilômetros ele se perdera. O que deveria fazer? Seus filhinhos estavam exaustos — como poderiam continuar a atravessar aqueles penhascos traiçoeiros, especialmente enquanto a noite caía? Porém, também não podiam dormir na encosta da montanha, não com aquela chuva pesada e com soldados tentando emboscá-los.

O vento ficava cada vez mais forte e logo Lolo ergueu-se novamente.

— Talvez devêssemos rastejar — sugeriu ele. — Uma das mãos no chão e a outra na encosta da montanha para se orientar.

— Por que não acendemos uma tocha, papai? — perguntou Buddy.

— Não podemos, filho — explicou Lolo. — O inimigo pode vê-la e atirar em nós.

Teresita começou a chorar.

— Estou apavorada, papai — soluçava ela enquanto os trovões retumbavam nas montanhas. — Quero ir para casa!

— Silêncio. — Ele a acalmava afagando-a com uma das mãos enquanto segurava o bebê que também chorava. — Parem de chorar, meus filhinhos. Este não é um bom lugar para sermos apanhados pela escuridão e pela chuva, mas devemos fazer o melhor que pudermos. Esta situação exige coragem, não medo!

— O que podemos fazer? — perguntou Lola trazendo Buddy, de quatro anos, mais para perto dela.

Lolo fez uma pausa.

— Podemos rezar — disse ele. — Nós não temos nos voltado sempre para o céu quando as coisas vão mal?

As crianças responderam afirmativamente com as cabeças. Todas já haviam lido orações em livros ou recitado aquelas que lhes tinham sido ensinadas. É claro que poderiam rezar. Mas agora o pai delas erguia as mãos e elevava a voz de uma maneira que elas nunca ouviram antes.

— Cubra-nos com seu manto, oh abençoada Mãe de Deus — rogou ele —, para que possamos ser salvos de todo o mal, da tentação e de todos os perigos da carne e do espírito!

Foi uma súplica maravilhosa. Tinha vigor e esperança, e o terror das crianças pareceu diminuir, apesar de só um pouco. Lolo também sentiu isto.

— Tenho uma idéia — disse ele lentamente. — Agora está escuro demais para vermos adiante, mas se formos em fila, cada um segurando a mão da pessoa da frente, todos nos sentiremos seguros.

Teresita queria ser corajosa. Mas tremia quando o rio abaixo deles rugia.

— Estou com medo, papai.

O pai segurou a mão dela, molhada.

— Enquanto andamos, vamos dizendo o Rosário em voz alta para que Deus possa ouvi-lo acima da tempestade! Buddy, você vai na frente, porque é o menor e o que está mais perto do chão. Todo mundo está pronto?

— Pronto.

Lentamente, o pequeno grupo foi adiante, com a água escorrendo em seus olhos e as roupas coladas aos corpos, que tremiam. Não deveriam fazer isso. Uma criança poderia tropeçar e todos perderiam o equilíbrio, e mergulhariam desfiladeiro abaixo.

— Ave Maria, cheia de graça.

Trêmulas, as crianças se apegaram às frases bíblicas familiares, à cadência que inspirava confiança, à lembrança da súplica veemente do pai. Não deveriam fazer isto. E no entanto...

A viagem parecia não terminar nunca. Porém, quando se aproximaram de uma curva fechada do caminho, Buddy foi o primeiro a ver.

— Mamãe! Papai! — gritou ele. — Olhem!

A chuva tinha parado de repente, o ar parecia docemente perfumado. E diante deles, até o mais longe que conseguiam ver, estendia-se uma longa fila de velas acesas serpenteando ao redor da curva da montanha e indo para uma vasta planície. Mas não, não como velas. Pois as luzes estavam pulando, dançando, piscando como estrelas iluminando os céus.

Eram vaga-lumes! Milhares, *milhões* deles, todos pairando a cerca de um metro do chão. No seu combinado brilho esverdeado, Lolo podia ver o caminho tão iluminado quanto se fosse de dia, até mesmo as pegadas dos refugiados que tinham ido na frente deles.

Maravilhada, Lola caiu de joelhos agradecendo. As crianças riam, pegando alguns dos pequenos insetos e embrulhando-os em seus lenços.

— Podemos usá-los como lanternas! — gritou Patrícia encantada.

Segurando o bebê, Lolo olhava fixamente para a cena, incrédulo. Em toda a sua vida, ele nunca tinha visto uma coleção tão imensa de pirilampos no mesmo lugar ou reunidos em um padrão preciso como aquele. Os pirilampos não aparecem durante a estação das monções. Nem pairam perto do chão, preferindo, ao contrário, os topos das árvores. Contudo, percebeu ele subitamente, lá estava uma quantidade inacreditável, esperando sua família, envolvendo-os... como um manto de proteção. Um manto de rainha, debruado de ouro.

Havia mais quilômetros a andar, porém agora o caminho parecia encantado, enquanto os abençoados pirilampos o iluminavam até a pequena vila. Finalmente! Eles correram os últimos metros enlameados e bateram com força na porta do padre Alfonso.

— Nós já tínhamos desistido achando que vocês haviam se perdido! — gritou o atônito padre, saindo para abraçá-los. — Como vocês fizeram isso? Como atravessaram as montanhas no escuro e nessa tempestade?

Patrícia e Teresita olharam para cima. O dilúvio começara novamente.

— Padre, não podemos explicar — disse Lolo. — Olhe atrás de nós e veja o milagre por si mesmo.

O padre olhou para trás de Lolo. Porém não havia absolutamente nada para ver. Nenhum vaga-lume, nenhum céu abrandado — nada além da escuridão e da água jorrando. Lolo compreendeu.

— Choveu assim a noite toda, padre? — perguntou ele calmamente.

— Não parou um minuto, Sr. Joaquin — respondeu padre Alfonso.

No dia seguinte, padre Alfonso convocou uma reunião dos anciões das tribos, alguns deles com mais de 100 anos de idade, e mostrou-lhes os pirilampos que ficaram no lenço de Teresita.

— Algum de vocês já ouviu falar disso? — perguntou ele. — Vaga-lumes vindo na tempestade para iluminar o caminho de um viajante?

Os anciões conferenciaram. Eram especialistas nos hábitos da natureza e em pirilampos. Todos eles concordaram que não havia nenhuma possibilidade de uma coisa como aquela ocorrer.

Tal veredicto não fez diferença para os Joaquin. Porque eles tinham visto não apenas com os olhos físicos, mas com os olhos da fé. A vida seria difícil enquanto lutavam para sobreviver em sua terra devastada pela guerra. Mas não estariam sozinhos. Quão maravilhosos eram os caminhos de Deus![8]

O Homem na Fotografia

A maioria dos médicos não considera essas visões como sendo o que elas são — medicina para a alma ou, talvez, vinda da alma.

— MELVIN MORSE, *VISÕES DO ESPÍRITO*

Naquela noite, quando Johnny Bryan, de 18 anos, e seu primo mais velho, Donald, saíram de sua casa em Tulsa, estava bastante frio. Eles se dirigiam à cidade de Vian, onde Donald tinha morado até se mudar, com a mãe de Johnny, tia Tressie. A namorada de Donald ainda morava perto das montanhas Blackgum, então, todos os finais de semana, ele voltava ansiosamente para estar com ela. Porque adorava andar a cavalo — e porque em Vian havia cavalos e planícies abertas —, Johnny normalmente acompanhava Donald.

Naquela noite, Tressie Bryan tentou persuadir os rapazes a ficarem em casa.

— E se o carro quebrar e vocês congelarem até a morte em uma estrada deserta? — perguntou ela.

Mas os rapazes riram carinhosamente da preocupação dela — ela não sabia que as advertências a respeito do tempo não se aplicavam aos jovens? Tressie os observou ao partirem e sussurrou uma oração pela segurança deles. Para eles, se a neve e o vento continuassem, não seria mais do que um fim de semana.

Por que milagres acontecem

Não foi. O sábado pareceu ainda mais frio, e no domingo Tressie contava as horas até o retorno dos rapazes. Evidentemente, ela estava acostumada a invernos rigorosos. Descendia, em parte, da tribo Cherokee, estava acostumada ao ar livre e desde muito cedo seu querido irmão Buster lhe ensinara a caçar e a cavalgar. Aqueles tinham sido ótimos tempos, os dois cavalgando pelos campos e até mesmo trabalhando juntos na lavoura para ajudarem a manter os irmãos mais novos alimentados. E então, eles haviam crescido, a guerra tinha vindo... e tudo havia mudado.

A última vez em que tinha visto Buster fora na licença final dele antes de partir para um lugar chamado Anzio. Buster tinha levado o marido de Tressie para um canto e dito: "Não conte para Tressie, mas não vou voltar para casa." Quando o telegrama chegou, ela ficou tão magoada que jogou fora todas as fotografias dele. Seu filho Johnny nunca sequer o conhecera...

Agora ela estava divagando, usando lembranças para fazer passar o tempo, mas não conseguia afastar a sensação de que alguma coisa estava errada. Enquanto a escuridão caía, ela andava impacientemente, perscrutando a paisagem coberta de neve. Onde estavam eles? Dez horas... 11 horas. Meia-noite e nenhum dos rapazes ainda. Eles nunca haviam chegado tão tarde antes.

Às duas horas da madrugada, o telefone tocou. Era Donald, chamando do hospital de Broken Arrow, a cerca de 30 quilômetros de distância.

— O carro derrapou, capotou e nos atirou longe, tia Tressie — disse ele. — Eu estou bem, mas Johnny machucou a perna. Está inconsciente, e eles não têm certeza se ele tem outros ferimentos.

— Vou imediatamente — prometeu Tressie.

O Homem na Fotografia

Ela rezou durante todo o caminho até o hospital, e quando chegou, Johnny tinha recobrado a consciência. Os médicos decidiram liberá-lo. Aliviados e agradecidos, Tressie e Donald o ajudaram a entrar no banco de trás do carro e ajeitaram sua perna enfaixada. Donald pulou para a frente e Tressie dirigiu com cuidado na rodovia coberta de neve. Johnny estava um pouco contido, mas parecia totalmente racional.

Quando chegaram em casa, estava quase amanhecendo. Donald saiu para abrir a porta da frente enquanto Tressie ajudava Johnny a sair do banco de trás. Ele foi mancando até a varanda, com um dos braços ao redor do ombro de Tressie. De repente, ele parou.

— Mamãe — perguntou ele —, quem é este homem que está ao meu lado?

— Por que... — Tressie franziu as sobrancelhas. A pancada na cabeça teria deixado Johnny com alucinações? — Não há ninguém do seu outro lado, Johnny — disse ela cautelosamente. — Vê? Donald está lá em cima na varanda.

Johnny não disse mais nada. No dia seguinte, entretanto, Tressie mencionou novamente o assunto. Se o seu filho tivesse uma concussão, ela deveria informar ao médico.

— Johnny, por que você me perguntou sobre um homem?

— Mamãe, quando acordei no hospital, havia um homem parado na porta do meu quarto — começou Johnny convictamente. — Um dos pés dele estava cruzado sobre o outro, e ele estava encostado na porta, olhando para mim. Usava calças brancas, sapatos brancos e um longo casaco branco. O cabelo dele era bem preto.

— Imagino que fosse o médico — arriscou Tressie. — Você deve ter ficado confuso por causa da pancada na cabeça.

— Talvez — admitiu Johnny. — Mas quando estávamos vindo para casa, o mesmo homem estava sentado perto de mim no banco de trás. Ele observava os prédios à nossa volta como se estivesse realmente interessado. Depois, quando você me ajudou a sair do carro, ele ficou ao meu lado até chegarmos à porta. Olhou para mim e falou: "Agora você ficará bem." É por isso que fiquei me perguntando se ele era alguém do hospital.

— Não — respondeu Tressie. — Não havia ninguém no banco de trás com você, Johnny.

Ela ficou preocupada. Embora o acidente tivesse se revelado de menor importância, aparentemente Johnny estava mais abalado do que ela pensava. O que deveria fazer?

Mais tarde, ela ainda estava pensando no ocorrido quando o telefone tocou. Era uma enfermeira do hospital de Broken Arrow. Ela e o marido estavam dirigindo atrás dos rapazes e foram os primeiros a chegar ao local do acidente.

— Sra. Bryan, foi a coisa mais estranha — disse a enfermeira. — Quando o carro capotou, a parte de cima bateu na pavimentação de tal maneira que formou um pequeno vinco. E aquele vinco protegeu a cabeça e os ombros do seu filho antes de ele ser atirado para fora do carro. — A enfermeira acreditava que Johnny poderia ter morrido, devido a danos cerebrais. — Mas eu quero que saiba que acho que ele estava sendo cuidado de um modo muito especial.

Tressie concordou. Qualquer que fosse o problema de Johnny, agora, ela agradecia simplesmente por ele estar vivo.

Entretanto, nada parecia estar errado com o filho. Ele nunca mais mencionou o homem novamente e reassumiu sua vida como se nada tivesse acontecido. Todas as noites, Tressie se lembrava de agradecer a Deus por haver impedido uma terrível tragédia, e gradualmente esqueceu-se da estranha experiência de Johnny.

Anos mais tarde, após Johnny haver se mudado, Tressie estava arrumando um armário e deparou com algumas fotografias antigas da família. Lá estava Buster em fotos que ela tirara pouco antes de ele partir para a Itália.

— A minha preferida — da qual eu havia me esquecido —, era ele parado com um pé cruzado sobre o outro, encostado contra uma rocha — diz ela. — E havia uma outra, uma foto só do rosto dele, sem chapéu.

Tressie olhou atentamente para as fotos. Decidiu que era hora de lembrar-se novamente de Buster. Mandaria ampliar as fotografias.

Pouco tempo depois, Johnny apareceu para uma visita. Verificou o que havia na geladeira e depois entrou na sala de estar, parando em frente às fotos que, agora, estavam penduradas na parede. Olhou fixamente.

— Mamãe, não acredito nisto.

— Não acredita em quê?

— Lembra-se, anos atrás, quando Donald e eu tivemos aquele acidente? Os olhos de Johnny estavam escancarados.

— Lógico. — Tressie jamais esqueceria aquela noite.

— Esse é o homem, mamãe! O homem sobre quem eu lhe falei, que estava parado na porta, olhando para mim! Os pés dele estavam cruzados e ele estava encostado exatamente assim.

— Mas isso é impossível, Johnny. Esse é seu tio Buster. Você já me ouviu falar sobre ele, ele foi morto na Segunda Guerra Mundial. Você não poderia tê-lo encontrado, em um hospital ou em qualquer outro lugar.

— Mamãe, o rosto dele e aquele cabelo preto estão evidentes nesse retrato. Nunca me esqueci dele. Ele estava comigo no carro e me ajudou a chegar até nossa porta. E ele disse... — Lembrando, a voz de Johnny se suavizou. — Ele disse que agora eu ficaria bem.

    Tressie pensou no acidente, em como seu filho tinha escapado surpreendentemente, na crença da enfermeira de que ele havia sido protegido de um modo especial. Finalmente, pensou em Buster, que sempre cuidara dela. "Eu não vou voltar", tinha dito ele para o marido de Tressie. Mas quem poderia dizer que aquelas pessoas que nos amaram na Terra não poderiam nos amar ainda, do céu?

    — Agora Johnny está crescido e tem sua própria família — diz Tressie. — E espero que o homem com o cabelo negro ainda esteja cuidando de todos nós.

Cura Vinda do Céu

Há alguém doente entre vós? Ele deve convocar os presbíteros da Igreja, e eles devem orar sobre ele e ungi-lo com óleo em nome do Senhor.

— TIAGO 5:14

Embora educada na religião da sua família, Jan Lewis tinha pouco interesse pelas coisas espirituais quando se casou com um colega militar em 1980.

— Minha base ficava em West Point, Nova York, enquanto a de Chuck ficava a 560 quilômetros de distância, em Maryland — explica Jan.

Os recém-casados se revezavam nas visitas dos fins de semana, mas quando Chuck recebeu ordens de ir para a Coréia, Jan ficou aborrecida. Inquieta e sozinha, ela ficou amiga de David, um soldado afro-americano de sua base, e finalmente teve com ele um breve namoro.

Quando Chuck descobriu a infidelidade da esposa, ficou louco. Ele tinha recebido permissão para permanecer em Maryland e Jan encontrou-se com ele para tentar salvar o casamento. Logo depois, ela descobriu que estava grávida — e não tinha certeza de qual dos homens era o pai do seu filho. Quando deu a notícia a Chuck, Jan acreditava que seria a ruptura final do casamento.

Porém Jan não havia compreendido a profundidade da fé espiritual do seu jovem marido. — Chuck sempre tinha sido crente — diz Jan —, e sugeriu que, apesar da gravidez, nós iniciássemos um aconselhamento matrimonial com um pastor que ele conhecia — Jan concordou, mas foi difícil.

Uma vez que não existia qualquer exame para determinar a raça de um bebê ainda não nascido, ela Chuck, ambos brancos, iriam precisar esperar até o nascimento para saberem a verdade. Anos atrás, Jan fizera um aborto, e pensava em fazer outro. Mas, e se estivesse destruindo o filho *deles*? Porém, novamente, se ela não abortasse — e a criança se revelasse ser de David —, o que aconteceria com o bebê? Poderia mantê-lo sendo ele um lembrete constante, para Chuck, da sua infidelidade? Poderia desistir dele condenando-o a uma vida em casas de adoção se não conseguisse encontrar pais adotivos negros?

— Uma noite, quando Chuck e eu fomos à igreja, eu ainda estava fingindo para mim mesma que tinha tudo sob controle — recorda-se Jan. — Do altar, nosso pastor fez uma convocação, pedindo a todos que desejassem um relacionamento pessoal com Jesus, que fossem para a frente.

Jan permaneceu no seu assento. Ela sempre tinha tido um "conhecimento racional" sobre Jesus; por que precisaria de mais? Alguns minutos se passaram e ninguém foi para a frente. Embora, em geral, uma única convocação fosse a norma, o pastor fez uma segunda.

Jan ainda ficou sentada. Ela percebeu que havia um estranho ar de expectativa na igreja, como se cada pessoa estivesse esperando que alguma coisa importante acontecesse. O pastor fez o convite uma terceira vez. E, subitamente, Jan estava de pé, impregnada de graça, enquanto lágrimas escorriam por suas faces, dirigindo-se para o altar como se ele fosse um oásis no deserto. Como, de fato, era.

— Eu me ouvi pedindo perdão pelo meu comportamento passado, por mentir para o meu marido, por todos os caminhos nos quais eu havia fracassado — diz ela. — Sabia que tinha atingido um ponto no qual precisava decidir de que lado da cerca eu estava — não mais explicar tudo racionalmente, não mais pular de um lado para o outro. E se este era o lado de Deus, então eu precisava me comprometer com Ele e nunca mais olhar para trás.

Naquele momento, ela o fez. Os problemas do casal ainda permaneciam, mas tanto Chuck quanto Jan sabiam que uma grande mudança ocorrera.

Para Jan o aborto não era mais uma opção. E como sua gravidez continuava, ela pensava com mais seriedade a respeito da adoção, no caso de a criança ser de David. O pastor tinha adotado duas crianças e o próprio Chuck era adotado. Isso muitas vezes funcionava bem. Então, ela alertou aos assistentes sociais do hospital para terem os papéis necessários prontos, se fosse o caso.

Christopher nasceu em 22 de dezembro, dia do aniversário de Jan, e logo depois o médico de Jan confirmou que o bebê era de David. Naquela noite, enquanto permanecia na cama, Jan chorou. Certamente seria melhor para Christopher se fosse educado em uma cultura negra. E Chuck havia lhe dito que, embora fosse permanecer com ela em qualquer decisão, o destino do bebê era uma determinação dela. Contudo, agora, ela estava começando a compreender que lindo presente o pequeno Christopher era, apesar das circunstâncias que cercavam sua criação. Como, pensava ela, poderia devolver aquele presente?

De repente Jan viu o que parecia ser um filete de fumaça perto da sua cama. Mas não era uma névoa. Era uma figura — Jan piscou. Era um *anjo*. O anjo falou com ela; não em palavras audíveis, mas para o seu espírito.

— Deus nunca comete erros — disse o anjo. — As pessoas o fazem, mas não Deus.

Assim como o anjo, as dúvidas de Jan também desapareceram. Ela não havia decidido deixar Deus conduzir? Não iria desistir do bebê. Ela e Chuck iriam educá-lo, e ela iria confiar em Deus para resolver tudo.

Os anos se passaram. David tinha sido informado a respeito do nascimento de Christopher, mas preferiu não se envolver. Então, Jan fechou a porta sobre aquela parte do seu passado. Chuck e Christopher eram tão unidos quanto um pai e um filho biológicos, e ela era eternamente grata pelo apoio do marido.

Chuck deixou o Exército no final de 1986 e encontrou um emprego em Chicago. Logo depois, Jan descobriu que estava grávida novamente. Foi considerada gestante de alto risco, uma vez que tomava medicamentos anticonvulsivos e também porque era RH negativo, enquanto Chuck era RH positivo. Os médicos sugeriram um aborto, mas Jan recusou. Em vez disso, ela recebeu uma transfusão de sangue, para proteger o sangue do bebê.

Alguns meses mais tarde, Jan recebeu um telefonema da mãe de David, que também morava em Chicago.

— Meu filho tem uma caderneta de telefones marcada com os amigos do Exército — explicou a senhora. — Seu nome está lá, e é por isso que estou telefonando. Achei que você deveria querer saber que David está muito doente.

A mãe de David parecia não saber nada a respeito do relacionamento passado deles e Jan decidiu não explicar. No entanto Jan achou que deveria visitá-lo, no caso de ele ter mudado de idéia e querer ver Christopher.

— Quando cheguei ao hospital, deram-me uma bata e uma máscara — explica Jan. — E quando entrei no quarto de David, compreendi com exatidão o quão terrivelmente doente ele estava.

David olhou para ela.

— Jan — disse ele —, quero que você saiba. Estou com AIDS.

AIDS. Em 1987, quase nada era conhecido a respeito dessa doença. Jan só tinha ouvido falar que ela normalmente era fatal, e ela podia ver o quão perto da morte David estava. Conversaram sobre Christopher, mas David não queria vê-lo. E também nunca contara para a família a respeito da situação.

— Não me importo com o que você e seu marido contem a Christopher a meu respeito — disse David. — Apenas cuidem dele e amem-no.

— Nós temos feito isso — garantiu-lhe Jan.

Duas semanas depois David morreu. Jan foi ao enterro, explicando apenas que era uma amiga do Exército. Algumas semanas depois, no seu exame geral regular, ela contou ao médico sobre a situação.

— Naquela época, meu conhecimento sobre a AIDS era superficial — explica Jan. — Eu tinha ouvido falar que ela poderia permanecer na corrente sanguínea de alguém durante um tempo e achei que talvez devesse fazer um exame. Como se fosse de tuberculose ou algo parecido.

O médico foi menos negligente e fez imediatamente o teste de Jan. Os primeiros resultados foram positivos, então ele continuou com um teste mais específico. Dez dias depois os resultados eram confirmados. Embora, na época, fosse ligeiramente possível que o teste estivesse incorreto devido à sua anterior transfusão de sangue (desde então isso tem sido regulamentado), ele mostrava que Jan era HIV positiva. Havia razão para presumir que a criança ainda não nascida também tivesse contraído a doença.

O passado de Jan explodira no seu presente, da maneira mais terrível que ela poderia ter imaginado. Fisicamente, ela começou a ter problemas — uma baixa contagem sanguínea, desidratação —, e entrava e saía do hospital. Suas enfermidades vinham da gravidez ou da AIDS? Como deveriam ser tratadas? Um resfriado poderia se transformar em pneumonia? Uma infecção durante o parto poderia se espalhar e matá-la e ao bebê? Com que rapidez a doença poderia progredir? Ninguém sabia.

Pior, talvez, era o isolamento social. — Isso era um segredo que realmente não podíamos contar para ninguém, nem mesmo para nossas famílias, por medo de sermos evitados em um momento em que precisávamos de apoio — diz Jan. — Pertencíamos ao Centro da Amizade, uma maravilhosa congregação da Assembléia de Deus em Chicago, e o pastor e diversos associados vinham regularmente me ungir e rezar por nossa cura. Mas eles só disseram à congregação que eu estava atravessando uma gravidez difícil, porque não queriam que ninguém ficasse amedrontado, ou que nós precisássemos encontrar uma nova igreja.

Nenhum dos médicos de Jan estava esperançoso. Ela teria o bebê no famoso Hospital Michael Reese, de Chicago, e embora outras mães com HIV tivessem dado à luz lá, nenhuma soubera disso com antecedência. Era a primeira vez que a equipe de obstetrícia teria conhecimento prévio de um nascimento com HIV. Portanto, eles fizeram todos os preparativos que puderam. Jan foi colocada em repouso na cama e monitorada, mas um especialista sugeriu que, já que ela estava com a saúde relativamente boa, deveria fazer com antecedência os preparativos para o funeral do filho ainda não nascido. Ultra-sonografias tinham revelado um feto com uma perna diversos centímetros mais curta do que a outra, um batimento cardíaco irregular, uma cabeça muito grande e um corpo subdesenvolvido.

— Talvez — acrescentou o especialista — você possa querer fazê-los também para si mesma.

Apesar da solidão e do medo, Jan e Chuck oravam. Sabiam que não tinham nenhuma força, com exceção daquela que o Senhor estava proporcionando, e embora tudo parecesse triste, eles continuaram a pedir aos anciões da sua igreja para ungi-los e para orarem sobre Jan, pedindo sua cura.

No dia 28 de setembro de 1987, mais de 30 pessoas da equipe médica se amontoavam na sala de parto quando, sem nenhuma complicação, Jan deu à luz uma menina. Um bebê *saudável*, com mais de quatro quilos e com uma cabeça e um corpo perfeitos.

— Chuck e eu choramos quando vimos Alisha — diz Jan. — Embora ela tivesse sido levada para a Unidade de Tratamento Intensivo, realmente não havia nenhuma razão para isso. Ela era completamente normal.

Porém, estaria sua filha infectada como o vírus da AIDS? Decidiram mandar Jan e a filha para casa e testar Alisha posteriormente, quando um pouco da sua imunidade de recém-nascida pudesse ter diminuído. Jan seria testada novamente na mesma ocasião.

Na véspera do Natal, seu médico telefonou.

— Temos os resultados dos testes de vocês duas, e precisamos conversar — disse ele. — Quão rapidamente vocês podem chegar aqui?

Apressadamente, ela e Chuck agasalharam as crianças e foram para o consultório.

Quando eles entraram, viram, um imenso estandarte feito em computador pendendo do teto. "Ela está normal", proclamava o estandarte. Embaixo dele, havia um médico radiante.

— Tem mais — falou ele para Jan. — Você também está normal. Não há nenhum HIV, nenhuma AIDS em sua corrente sanguínea. Absolutamente nenhuma.

Jan olhou fixamente para ele.

— Como você explica isso? — ela perguntou.

O médico balançou a cabeça.

— Talvez tenhamos cometido um erro.

Um erro... Atordoada, Jan ouviu novamente a voz do anjo que a tinha visitado naquela noite desesperada. *As pessoas cometem erros, mas não Deus*. Compreendeu quão lindamente Ele havia juntado as peças, desnudando-a de tudo o que ela *achava* que era importante, para lhe mostrar o que verdadeiramente tinha valor, o que iria durar para sempre. Como ela estava feliz por haver respondido ao chamado naquela manhã na igreja! Ela só abrira um pouco o seu coração — e Ele lhe tinha dado o que ela mais precisava: uma vida inteiramente nova.

Hoje, Jan continua ocupada, cuidando da família, que agora inclui uma outra filha, nascida em 1993, e, ocasionalmente, faz trabalhos voluntários em unidades hospitalares de AIDS. Ela e Chuck continuam a falar a quem queira ouvir sobre a certeza deles de que Deus realmente não *envia* coisas ruins — mas, quando elas acontecem, Ele as transformará em boas. Toda a família deles é uma prova disso

Amor, de Mãe

E como os anjos que, em alguns sonhos mais brilhantes,
Convocam a alma quando o homem dorme,
Assim alguns pensamentos estranhos transcendem nossos
temas habituais
E espreitam a glória.

— HENRY VAUGHAN,
"THEY ARE ALL GONE INTO THE WORLD OF LIGHT"

Quando William, pai de Marvin Prince, morreu em 1972, Marvin decidiu procurar os parentes remanescentes. Ele sabia que William tinha diversos irmãos mais novos na Ucrânia, que não haviam emigrado para os Estados Unidos quando ele o fizera.

— Meu pai, o mais velho, tinha planejado vir para cá e ganhar dinheiro suficiente para mandar buscar todos eles — explica Marvin.

Entretanto, pouco depois de William ter chegado a Ellis Island, irrompeu a Primeira Guerra Mundial. Após seu término, a Revolução Russa começou, e com o caos decorrente, ficou virtualmente impossível para a família de William deixar a Ucrânia. Michel, o irmão mais moço de William, viu a mãe deles ser espancada até a morte por soldados russos em um *pogrom*. Um outro irmão morreu mais tarde, de mastoidite. Depois veio a Segunda Guerra Mundial e o Holocausto. A esposa e dois filhos pequenos de Michel foram mortos pelos alemães.

A devastação da sua família tinha angustiado William Prince até seus últimos dias. Agora, Marvin decidira que ir à Ucrânia para entrar novamente em contato com o tio Michel era um presente que ele poderia dar a seu pai.

Logo após a morte de William, Marvin voou até Moscou, levando com ele a Bíblia do pai, escrita em hebraico e traduzida para o iídiche. Ele resolveu que ela serviria como uma ponte.

— Já que eu não falava nada em russo e meu tio não falava nada em inglês, o iídiche precisaria ser nosso idioma comum, embora eu só me lembrasse de pouca coisa da época da minha infância — diz Marvin.

Porque as Bíblias estavam proibidas na Rússia durante o regime comunista, Marvin quase foi preso quando mostrou a sua na Alfândega. Porém, finalmente, obteve permissão para entrar com ela na Rússia.

— Quando coloquei a Bíblia nas mãos de meu tio, seus olhos se encheram de lágrimas — diz Marvin. — Ele não via uma há quase 50 anos. Por isso eu lhe disse que iria deixá-la com ele definitivamente.

Michel recusou, explicando que Marvin seria solicitado a mostrá-la às autoridades na sua saída da Rússia.

— Mas, um dia, você vai me dar novamente esta Bíblia — prometeu ele.

— Quando, tio? — perguntou Marvin.

— No mundo que está por vir — falou o homem idoso.

Marvin ficou impressionado com a evidente espiritualidade de tio Michel. Sabia que embora a família do tio tivesse sido ortodoxa e devota, Michel se voltara completamente contra Deus depois do massacre dos seus seres amados. Durante certo tempo, ele se uniu ao Partido Comunista e professou o ateísmo. Quem poderia culpá-lo? Agora ele era novamente ortodoxo e devoto. Certa noite, Marvin fez a pergunta óbvia.

— Tio Michel, por que você retornou para Deus?

E a história, há tanto tempo mantida no coração de Michel, se revelou.

Durante a Segunda Guerra Mundial, os russos tinham lutado contra os alemães. Michel era um oficial do Exército russo, e foi capturado. Porque os nazistas estavam atirando nos oficiais russo-ucranianos e nos judeus à vista, Michel desnudou-se da sua insígnia e recusou-se a falar. Se tivesse respondido às pessoas que o interrogavam, elas teriam sabido que ele compreendia o alemão — que é semelhante ao iídiche —, e provavelmente ele teria sido executado. Em vez disso, assumiram que ele era russo e o enviaram para a prisão com os outros soldados.

Michel conseguiu escapar duas vezes, e duas vezes foi recapturado. Em sua terceira ida para a prisão — no auge do frio hibernal —, os alemães o enviaram para mais longe, a Oeste, para um campo de prisioneiros de guerra de segurança máxima, cercado por arame farpado, torres de vigia com metralhadoras e cachorros. Os companheiros de prisão de Michel falavam constantemente em fugir, mas ele estava deprimido. O frio era amedrontador e o lugar parecia invencível.

Uma noite, quando adormeceu, Michel teve um sonho. A mãe estava parada à sua frente, jovem e saudável, exatamente como ele se lembrava dela quando era criança.

— Mamãe!

No sonho, ele estendeu as mãos para ela. Mas ela não sorria.

— Michel, você precisa escapar! — disse-lhe ela.

— Escapar? — protestou ele. — Mamãe, você viu os cachorros, as metralhadoras. Eu nunca encontraria uma saída.

— Você precisa! Se ficar aqui, meu filho, eles vão matá-lo! — A mãe dele parecia terrivelmente preocupada.

— Mas como posso fugir? — perguntou-lhe Michel. — Como?

Lentamente, ela começou a desaparecer de vista e ele acordou com o coração batendo aceleradamente.

Que sonho! Tinha sido assustadoramente vívido, surpreendente em seus detalhes. Ele conseguia se lembrar das roupas dela, da terna expressão familiar no seu rosto... Era como se ela tivesse realmente vindo até ele.

Mas que estranho! Até agora, em toda a sua vida, ele nunca sonhara com a mãe.

Tremendo de frio, Michel virou-se nas grossas tábuas da cama direcionada para a porta do quartel — e parou. Ali, observando-o, estava um soldado alemão uniformizado. Seria uma ilusão provocada pelo luar? Não, o homem era real. Mas por que ele estava ali?

— Michel! — sussurrou o soldado. — Acorde seus companheiros. Todos vocês precisam escapar, agora!

Escapar? Michel ainda estaria sonhando? Não, isso era real.

— Não tenho nada para lhe dar — falou ele para o desconhecido.

Às vezes, se alguém conseguia subornar um guarda, recebia um tratamento melhor. Porém, até onde Michel sabia, nenhum prisioneiro havia conseguido barganhar uma fuga daquele lugar.

— Não há necessidade de subornos, mas vocês devem se apressar. — O soldado alemão abriu completamente a porta do campo.

Devia ser uma trapaça. Atirariam neles enquanto corressem até a cerca.

— Não podemos atravessar aquele arame farpado, você sabe disso — sussurrou Michel.

— Vou cuidar disso — garantiu-lhe o soldado.

Michel olhou fixamente para a porta, lembrando do sonho que tivera e da misteriosa mensagem da sua mãe. Ele tinha lhe perguntado *como*. E agora ela estava lhe enviando uma resposta. Ele sacudiu os amigos para acordá-los. Eles iriam se arriscar.

Os homens dispararam para o lado de fora, com o soldado alemão na liderança. Agora, correr até a cerca! Esperando uma bala em suas costas a qualquer minuto, Michel e os outros atravessaram correndo na escuridão. Porém, embora o luar delineasse suas formas e os guardas certamente estivessem em seus postos nas torres, nenhum cachorro latiu, nenhuma metralhadora atirou.

Só um pouco mais... Agora a cerca avultava à frente deles. Ofegantes, eles pararam e olharam, sem acreditar. Um grande buraco fora feito no arame farpado.

Michel olhou ao redor. O soldado alemão não estava em nenhum lugar à vista. Se ele tivesse cortado o arame com antecedência, com certeza teria sido localizado por alguém. Como isso teria sido feito?

Não havia tempo para pensar. Rastejando através do buraco, os homens entraram na mata, correndo ao longo da margem de um rio. Instantes depois, ouviram sirenes assinalando uma fuga. Os cachorros começaram a latir.

— Rápido! — sussurrou um dos prisioneiros. — Entrem na água. Isso vai impedir que os cachorros sintam nosso cheiro!

— Vamos congelar! — objetou um outro.

Congelar pode ser melhor do que levar um tiro, pensou Michel. E toda aquela noite tinha sido tão estranha... Juntamente com os outros, ele pulou no rio gelado e ficou sentado, com água até o pescoço, até o raiar do dia, quando a busca aparentemente tomou outra direção e eles puderam seguir os seus caminhos para a liberdade. Nenhum dos fugitivos sofreu gangrena por causa do frio ou outros danos resultantes de suas roupas encharcadas e geladas.

Embora tenham havido outras dificuldades pela frente, incluindo outra prisão, aquela noite marcou o retorno de Michel à fé da sua juventude. Pois, com certeza, sua mãe viajara através do tempo e do espaço para lhe dar o encorajamento de que ele precisava. E o soldado alemão?

— Ele deve ter sido um *malach*, um anjo — disse Michel ao sobrinho. — Que outra explicação poderia haver?

De fato, que outra poderia ser, concordou Marvin. Ele também sabia que o céu pode tocar até mesmo o lugar mais miserável e enchê-lo de esperança.

A Esquadra de Deus

Embora vocês não possam nos ver, estamos sempre observando.
— ANGELS IN THE OUTFIELD

Como uma "criança de rua", Mike DiSanza aprendeu cedo que a vida era cheia de perigos. Ele era pequeno e magro, com uma auto-estima abalada, e logo desenvolveu um grande medo de qualquer tipo de violência física. E também não havia nenhuma razão para rezar por sua segurança física. Para Mike, Deus era uma divindade distante, interessada em regras e punições e que não se preocupava como um garoto comum do Bronx.

Na época em que Mike se formou no secundário, a guerra do Vietnã estava em andamento.

— Não havia dinheiro para a universidade — explica ele. — E já que muitos dos meu primos e dos meus irmãos tinham se alistado no Exército, eu os acompanhei. — Talvez como um soldado ele pudesse superar seu medo da violência.

Mike saiu incólume do Vietnã — mas ainda ansioso. Quase que por farra — e porque poucas oportunidades de emprego surgiam —, ele então fez o teste para a força policial da cidade de Nova York, juntamente com outros 50 mil candidatos.

Mike ficou surpreso ao ser um dos 400 contratados. Agora ele *teria* que superar seus medos.

Porém, não conseguiu. Mike trabalhou como guarda, primeiro no Harlem; depois, em Manhattan. Devido ao sentimento contrário à guerra, os policiais estavam sob o ataque de muitas pessoas, e o moral estava baixo. Isso aumentava a tensão de Mike no trabalho.

— Nós éramos os tiras na linha de frente, aqueles que entravam nas situações completamente sozinhos — salienta ele. — Eu me acostumei a ser realmente rápido, mas continuava a ter medo.

Uma noite, na patrulha de rua, Mike experimentou um ataque de ansiedade tão profundo que pensou que estava morrendo.

— Meu corpo, literalmente, tremia como se fosse explodir — diz ele.

O que significava aquilo?, perguntou a si mesmo. O que ele estava fazendo ali, naquele ambiente de alto risco, onde o medo o dilacerava todas as noites? Exatamente naquele momento, uma jovem negra parou em frente a ele e pegou sua mão.

— Qual é o problema, policial? — perguntou ela.

Mike não respondeu, mas continuou segurando a mão dela.

— Não queria deixá-la ir — explica ele. — Sentia algo maravilhoso vindo dela. Na época, eu não sabia, mas era o amor de Jesus, um amor que eu nunca experimentara.

A mulher levou Mike a uma igreja pentecostal, onde as pessoas estavam cantando, dançando e louvando o Senhor. Mike achou que não era de modo algum como as "velas tremeluzentes naquelas imensas catedrais formais de Nova York às quais eu estava acostumado". Uma ânsia inominável tomou conta dele, e algumas noites depois, em casa, ele leu a Bíblia pela primeira vez. Deparou com as palavras de João (3:17): "Pois Deus não enviou seu Filho ao mundo para condená-lo, mas para que o mundo possa ser salvo através dele." Mike fechou o livro.

— Jesus, seja quem você for, ajude-me — rezou ele.

Algumas semanas depois, Mike respondeu a um chamado de auxílio de um colega policial que estava fazendo uma prisão no metrô da Setenta e Dois com Broadway. Mike passou correndo por um policial que ainda estava na radiopatrulha estacionada e desceu as escadas.

— O tira estava tentando algemar o suspeito, mas ele estava resistindo — diz Mike. — Uma multidão estava se formando e as pessoas tentavam salvar o suspeito. Abri caminho na multidão e ajudei o tira a algemá-lo. Mas fomos cercados. Como conseguiríamos chegar até a escada?

A multidão estava furiosa com a prisão. Mãos empurravam Mike em direção à borda da plataforma.

— Joguem-no nos trilhos! — alguém gritou.

Mike sentiu um soco contra a lateral da sua cabeça e ouviu, com terror, o som de um trem se aproximando.

— Jesus — ele murmurou. — Ajude-me.

De repente, dois grandes homens afro-americanos surgiram à sua frente.

— Siga-nos, policial — disse um deles.

O outro, de algum modo, abriu um pequeno corredor por entre a densa multidão. Aliviado, Mike empurrou o prisioneiro diretamente atrás daqueles dois guardas inesperados. A multidão se afastou, e com o outro policial atrás dele, Mike e o prisioneiro seguiram aqueles dois guardas, atravessaram a plataforma e subiram a escada.

Entretanto, na rua, havia mais perigo.

— Uma outra gangue se formara ao redor da radiopatrulha e o motorista estava ficando nervoso — diz Mike. — Os caras negros tinham estado bem à nossa frente evitando interferências durante todo o caminho.

Mas agora, quando Mike empurrou o prisioneiro para dentro do carro e virou-se para agradecer aos seus salvadores, eles não estavam em lugar algum à vista. Como poderia tê-los perdido?

Quando a radiopatrulha se afastou, todos suspiraram aliviados.

— Obrigado, Mike — falou o policial do metrô. — Você fez um grande trabalho nos tirando do meio daquela multidão.

— Agradeça àqueles dois grandes caras negros — respondeu Mike.

— Que caras?

— Os que disseram "Siga-nos". Você os viu. Eles abriram o caminho à força, afastando todo mundo.

O policial parecia confuso.

— Não vi ninguém, a não ser você.

Mike parou. Estava tendo uma sensação estranha. Exatamente na noite anterior, em sua contínua busca pela compreensão da Bíblia, havia lido em Hebreus a respeito dos "espíritos auxiliares enviados do céu para ajudarem em tempos de aflição". Os homens negros poderiam ter sido... anjos?

Não. Policiais não viam anjos. Não, a menos que estivessem tendo colapsos mentais. Porém, embora o coração de Mike tivesse disparado durante o episódio no metrô, subitamente ele percebeu que não ficara com tanto medo quanto normalmente. Alguma coisa estava definitivamente diferente.

Algumas semanas depois, ele estava ajudando um outro policial a fazer uma prisão.

— O suspeito se livrou e correu — diz Mike. — Eu o empurrei e nós caímos dentro de um buraco na rua onde as equipes da Con Edison haviam cavado. O suspeito caiu no chão primeiro e eu caí em cima dele, ficando fácil algemá-lo. Mas o buraco era fundo demais para que conseguíssemos sair. Precisávamos esperar por ajuda.

Quando mais policiais chegaram, tiraram o prisioneiro do buraco. Depois, agarraram as mãos de Mike e o puxaram para cima.

— Que sorte que você caiu em cima dele — poderia ter se machucado — observou um dos policiais.

— Sim — murmurou Mike.

Estava novamente bastante ansioso. Nunca se livraria disso? E então, perto da borda do buraco, ele viu dois grandes homens negros, usando capacetes da Con Edison, sorrindo enquanto ele passava. Eram os mesmos dois — ele sabia disso! Porém, quando olhou para trás, eles haviam desaparecido.

Durante os meses seguintes, Mike passou muito tempo pensando. Sabia que estava em uma posição extraordinária. Ele já começara a testemunhar para os outros policiais, e até mesmo para as pessoas na rua, a respeito de como conhecer Jesus estava modificando sua vida. Talvez Deus estivesse construindo sua confiança, para que ele tivesse a coragem tanto física quanto mental para fazer o que lhe fosse pedido. Mas como ele poderia saber com certeza?

Uma tarde, Mike entrou em um restaurante para almoçar. Passou por dois comensais em uma mesa antes de perceber... Pasmo, ele se virou. Eram os mesmos dois homens negros, ambos olhando diretamente para ele.

A alegria inundou seu espírito.

— Não pude evitar — diz ele. — Pisquei para eles.

Por que milagres acontecem

Cada um dos homens piscou de volta. Mike mal conseguiu evitar de rir em voz alta. Sentou-se e olhou para trás. A mesa estava vazia.

Era o sinal que ele precisava. Daquele ponto em diante, embora Mike continuasse a ter momentos ocasionais de ansiedade no trabalho, nunca mais se sentiu sozinho. Às vezes ele sentia que estava sendo preparado para um vindouro momento de perigo. Ocasionalmente, poderia andar entre multidões raivosas, desarmar homens armados ou demonstrar súbita força, tudo sem ser ferido.

Não era o tipo de coisa que se poderia colocar em um relatório policial. Porém Mike compreendia.

— Agora eu sabia que Jesus estava bem ao meu lado e que nunca me deixaria — diz ele.

Jesus e dois guarda-costas muito celestiais.

Quem Tem Feito Coisas Maravilhosas...

Agora agradeçamos todos ao nosso Deus
Com corações, mãos e vozes,
Quem tem feito coisas maravilhosas,
Em quem Seu mundo se regozija.

— HINO "AGORA AGRADEÇAMOS
TODOS AO NOSSO DEUS"

Bill Campbell é membro da Igreja Luterana da Expiação, em Palatine, Illinois, e ama o Senhor. Homem amigável e caridoso, durante anos ele tem dirigido grupos de estudo da Bíblia para pessoas de todas as denominações e reuniu muitas histórias de milagres que compartilha sempre que pode. Bill perdeu o contato com o missionário que lhe contou os episódios seguintes, por isso vamos chamar esse homem de Jim Jackson.

Jim e sua esposa, Irene, ambos membros de uma igreja episcopal com base em Londres, tinham trabalhado por quase 30 anos na África. Agora precisavam construir uma nova igreja. Então, viajaram pelo Quênia e por Uganda visitando postos avançados e angariando fundos. Os membros da Igreja foram generosos, e uma noite, quando armaram a barraca no mato, os Jackson estavam guardando grande quantidade de dinheiro com eles. Enquanto faziam uma fogueira e cozinhavam sua refeição noturna, Jim ficou apreensivo. Ele sabia que havia nativos Masai na área e um bando proscrito era hostil a missionários cristãos.

Após o jantar, Irene adormeceu rapidamente, mas Jim permaneceu alerta, ficando cada vez mais nervoso a cada ruído. De repente, ele viu um grupo de Masais nos arredores da pequena clareira. Eles eram altos e ameaçadores. Obviamente, eles tinham ouvido falar do dinheiro que ele e Irene estavam carregando.

Belicosos e portando longas lanças, os nativos se movimentavam furtivamente em sua direção. Jim sabia que ele e Irene não teriam nenhuma chance contra aquele grupo. O que deveriam fazer?

Porém, estranhamente, quando os Masais alcançaram a margem exterior do acampamento de Jim, fizeram uma parada abrupta. Murmurando entre si, reverteram a direção e, inexplicavelmente, fugiram.

Jim ficou imensamente aliviado, mas também confuso. Por que eles não tinham atacado? Decidiu não dizer nada para Irene a respeito da estranha fuga deles.

Na noite seguinte, em um novo local de acampamento, a mesma coisa aconteceu. Lá estavam os homens, parecendo ainda mais agressivos. Erguendo suas lanças, movimentavam-se decididamente em direção a Jim. Então, mais uma vez, pararam e desapareceram.

Quando o grupo reapareceu na terceira noite, Jim não conseguiu mais suportar a tensão.

— Acabem logo com isso! — gritou ele no idioma Masai. — Vocês têm as lanças e sabem que nós temos o dinheiro. Estamos prontos para morrer pelo Senhor!

O líder do grupo saiu da escuridão.

— Durante três ou quatro noites temos seguido vocês e tentado nos aproximar — disse ele a Jim. — Mas não conseguimos. Quem são essas pessoas ao seu redor?

— Que pessoas? — perguntou Jim. — Vocês sabem que eu e minha esposa estamos sozinhos.

— Um incomum bando vestido de branco — explicou o chefe. — Nós contamos 12 deles. Eles se dão as mãos e fazem um círculo em torno da sua fogueira. São transparentes, mas não vão nos deixar passar!

Talvez o chefe e seus homens tenham estado bebendo, pensou Jim. Mas não disse nada e, mais uma vez, os Masais se retiraram. Nunca mais voltaram.

Finalmente, Jim e Irene retornaram a Londres, e depois visitaram os Estados Unidos para continuarem a levantar fundos. Uma noite, Jim foi convidado para falar a um grupo de homens em uma igreja episcopal em Long Island, Nova York.

Quando Jim chegou, só havia um punhado de homens lá. Um número decepcionante, mas, às vezes, a qualidade era mais importante do que a quantidade. Jim fez uma palestra descrevendo sua nova igreja. Em um impulso, acrescentou um relato sobre sua aventura com os Masais.

Os homens escutaram paralisados. Depois, um falou.

— Esta é uma história interessante, reverendo. Por acaso isso aconteceu no dia 15 de julho passado?

Jim pensou. Sabia que não havia mencionado uma data, ou mesmo uma estação. Porém... sim.

— *Foi* no dia 15 de julho — disse ele surpreso. — Como você sabia?

— Tive uma intuição — respondeu o outro. — Por que, como você sabe, nós temos contribuído para sua obra e vocês têm estado sempre em nossa lista de orações.

Jim olhou para os outros homens. Uma consciência parecia estar surgindo em cada um deles. Seus rostos traziam expressões de encantamento.

— Na noite de 15 de julho passado, reunimo-nos aqui para nossas orações semanais — explicou o porta-voz. — Durante a oração, alguns de nós tiveram uma forte sensação de que você e sua esposa estavam em perigo.

Um outro balançou a cabeça concordando.

— Nós nem sequer estávamos pensando em vocês. Mas a sensação era muito poderosa, e não ia embora. Finalmente, fizemos um círculo, unimos as mãos e oramos por vocês.

— Quantos... quantos vocês eram? — perguntou Jim atônito.

Mas um rápido exame da sala já fornecera o total.

— Doze — respondeu o primeiro homem, com simplicidade. — Os mesmos 12 que estão aqui esta noite.

Os mesmos 12 que, espiritualmente, tinham atravessado continentes, percebeu Jim, e levado um anel de proteção onde ele era mais necessário. Ele nunca entenderia *como*. Mas sabia *Quem*.

Em uma outra ocasião, Jim estava falando sobre Jesus para um grupo de aldeões africanos.

— A Bíblia diz que podemos pedir qualquer coisa em Seu nome que ela será feita — explicava Jim.

As pessoas escutavam polidamente. Alguns dias depois, o chefe foi até Jim.

— Decidimos pedir uma coisa para o seu Deus — disse ele.

Quem Tem Feito Coisas Maravilhosas...

— Isto é chamado de "oração" — explicou Jim. — O que vocês gostariam de pedir?

O chefe se virou e apontou para uma grande montanha à distância.

— Sempre que comerciamos com a tribo do outro lado — explicou ele —, precisamos escalar aquela montanha. É difícil e leva muito tempo. Queremos que o seu Deus elimine a montanha para nós.

Jim olhava fixamente, sem acreditar, com o coração enfraquecendo.

— Estou arrependido de ter me ordenado um dia — falou para Irene mais tarde naquela noite. — Agora tenho menos fé do que aquele chefe.

— Talvez Deus *vá* remover a montanha. — Irene sorriu. — Coisas estranhas têm acontecido.

Jim, no entanto, não via nenhum humor na situação. Ele havia feito uma promessa ao chefe, em nome de Deus, usando palavras do livro de Deus. A montanha permanecendo, não só ele seria motivo de riso como também a tribo jamais iria crer que Jesus era o Filho de Deus.

Naquela noite, houve um terremoto no Quênia. Tremendo, os Jackson observaram quando a terra retumbou e gemeu. Porém, quando o sol apareceu, eles perceberam que o dano não era tão grande quanto tinham temido. Na paisagem ao redor deles, só havia uma única grande mudança.

A montanha se dividira. Como na divisão do mar Vermelho, agora havia um caminho ligando os dois lados, um caminho perfeito para duas tribos que desejavam comerciar uma com a outra.

Jim quase desmaiou — antes de cair de joelhos.

Mensagem Maravilhosa

> *E eles ainda contemplavam, e ficavam ainda mais maravilhados,*
> *De que uma pequena cabeça pudesse conter tudo o que ele sabia.*
> — OLIVER GOLDSMITH, "THE DESERTED VILLAGE"

Julie Rose O'Donnell começou a vida com um golpe inesperado contra ela: fibrose cística, uma doença genética que põe a vida em risco porque causa degeneração pulmonar progressiva.

— Mas mesmo quando ainda era criança, aprendendo a andar, ela nunca deixou que isso a perturbasse — diz sua mãe, Mary Ellen.

Durante sua primeira infância, Julie foi razoavelmente saudável, experimentando infecções ocasionais, mas logo se recuperando, sempre. Quando cresceu, aprendeu a costurar, praticava mergulho submarino, esqui aquático, apresentava-se com um grupo de dança irlandesa e jogava no time de basquete da escola. Sua coragem e seu espírito conquistaram para ela um lugar especial no coração de todas as pessoas da sua comunidade em Riverside, Illinois, especialmente no dos seus cinco irmãos e irmãs mais velhos.

Uma das atividades preferidas de Julie era tomar conta do sobrinho pequeno, Nicholas O'Donnell, filho do seu irmão Ralph e de Jane.

Mensagem Maravilhosa

— Julie entrou em contato com Nicky no momento em que ele nasceu, e ficou realmente interessada por ele — diz Jane.

O pequeno Nicky também era louco por ela. Com freqüência, os dois iam ao zoológico de Brookfield, não muito longe de suas casas, e ficavam especialmente fascinados com a exibição dos golfinhos. Passavam horas observando esses "anjos do mar", e conheciam muitos pelo nome.

— Um dia Julie, Mary Ellen, Nicky e eu fomos à exibição — recorda-se Jane. — Minha mãe acabara de voltar de uma viagem, na qual ela havia nadado com golfinhos, e nós conversávamos sobre o quão emocionante aquilo deveria ser.

— É *isso* o que eu vou fazer algum dia — declarou a mergulhadora Julie para todo mundo, com os olhos brilhando. — Vou nadar com os golfinhos!

Se alguém tinha o mérito para fazer isso, esse alguém era Julie. Porém a idéia parecia muito improvável, já que ela estava perto de completar 12 anos. Porque, na puberdade, a fibrose cística torna-se mais crítica. No inverno de 1993, a doença estava progredindo e os tratamentos rotineiros não mais surtiam efeito. O médico de Julie no Hospital Universitário Loyola, em Maywood, decidiu que um duplo transplante pulmonar era a única esperança para Julie.

— Julie e eu usamos *bips* durante a primavera e o verão, esperando sermos informadas de que os pulmões estavam disponíveis — diz Mary Ellen. — Na noite em que o chamado chegou, perguntei a Julie como ela se sentia.

— Mamãe — disse Julie —, eu queria poder dizer não. Mas isso significa que conseguirei uma nova oportunidade de vida, então preciso dizer sim.

Ela o fez. Na verdade o transplante foi um sucesso tão grande que Julie voltou para casa em apenas seis dias. Sua extensa família, bem como amigos e vizinhos — que tinham feito tantas vigílias de oração —, ficaram em êxtase.

— Viver com pulmões transplantados não quer dizer que não existam problemas, e pode ser muito difícil — explica Mary Ellen. — Mas Julie experimentou muitos dias maravilhosos de respiração saudável.

Com dois anos de idade, Nicholas, que tinha ficado especialmente preocupado, ficou emocionado quando ela pôde novamente brincar com ele.

— Agora, *com certeza*, vou nadar com os golfinhos algum dia, Nicky! — disse-lhe Julie certo dia no zoológico de Brookfield.

E por que não? Sempre otimista, Julie acreditava que seu futuro era ilimitado. No início de uma manhã de outubro, no entanto, Julie acordou parecendo pálida.

— Mamãe — sussurrou ela —, não me sinto muito bem.

O médico de Julie descobriu que ela estava com uma infecção viral no sangue. Hospitalizou-a imediatamente. Três dias depois, quando a septicemia deu origem à Síndrome da Aflição Respiratória no Adulto, o médico a pôs em um respirador. Preocupados, a família e os amigos se reuniram.

— Os médicos pensavam em fazer um outro transplante pulmonar — diz Mary Ellen. — Divulgaram um pedido por todo o país, mas nenhum doador compatível estava disponível.

Na manhã de 23 de outubro de 1993, Jane e Ralph estavam se aprontando para irem ao hospital, enquanto o pai de Jane e seu irmão Tony chegavam para levar o pequeno Nicky ao zoológico de Brookfield.

— Sabíamos que Julie estava muito doente — diz Jane. — Mas ela já havia superado tanta coisa, e todos nós estávamos rezando para que ela pudesse se recuperar novamente.

Ao se despedir, Jane deu um abraço extra no filhinho, sem palavras para agradecer por sua excelente saúde.

Mensagem Maravilhosa

Nicky passou uma manhã maravilhosa, visitando os animais. Seu avô e seu tio ficaram aliviados ao vê-lo correndo e pulando, esperançosamente inconsciente da preocupação de todos com relação a Julie. Subitamente, no entanto, Nicky parou de brincar. Permanecendo completamente parado, ele franziu as sobrancelhas como se estivesse profundamente concentrado. Depois, ele olhou para o "Vovô".

— Julie está no céu — disse ele.

O pai de Jane ficou surpreso. Ele não falara em Julie durante toda a manhã.

— O que você disse, Nicky? — O avô olhou para o relógio. Exatamente 12h 08min.

O rostinho de Nicky estava imóvel e sério. Ele não diria mais nada. Preocupado, o avô levou-o para casa para que a mãe dele pudesse acalmar seus medos. Porém, quando Jane abriu a porta da frente, seu rosto cheio de lágrimas confirmou as palavras de Nicky.

— Você não precisa me contar, Jane — disse seu pai delicadamente. — O Nicky já o fez.

Ninguém sabia especificamente a que horas a vida de Julie havia ido embora. Embora houvesse pessoas à sua cabeceira, ninguém tinha pensado em olhar para um relógio. Porém, alguns dias depois, os pais de Julie receberam o certificado do hospital com a hora da morte claramente marcada: 12h 07min.

Como Nicky soubera? Ninguém conseguia entender. E, ainda mais estranho, o conhecimento absolutamente não diminuiu seu pesar. Durante muitas noites ele soluçou em sua caminha de grades.

— Julie, eu preciso de você. Volte...

Ninguém conseguia consolá-lo, e durante muitas semanas ele continuou a lamentar. Ele era tão pequeno, não tinha nem três anos de idade, seus pais disseram um ao outro. Com certeza ele logo esqueceria. Mas parecia que não.

Por que milagres acontecem

Diversas semanas após a morte de Julie, o Loyola programou um serviço memorial para as famílias cujas crianças tinham morrido no hospital no ano anterior. Muitos dos O'Donnell decidiram ir, incluindo Jane e Ralph.

— Eu estava hesitando em levar Nicky, especialmente porque sabia que as pessoas estariam chorando, e isso poderia perturbá-lo — diz Jane. — Mas, embora Nicky nunca dormisse logo após o jantar, naquela noite ele dormiu.

Ralph carregou o filho adormecido até o carro, prendeu-o no assento, depois tirou-o do carro e carregou-o até a capela do Loyola. Estranhamente, Nicky dormiu o tempo todo. Jane ficou contente, porque o serviço foi, de fato, doloroso.

— Acho que sou do tipo de pessoa que espera um "sinal" — diz ela. — Sempre espero algo que vai me deixar saber que as coisas ficarão bem.

Julie. Estamos sentindo tanta saudade de você. Todos eles precisavam muito de algum consolo, só uma pequena garantia de que esse duro pesar algum dia iria diminuir, de que Julie estava segura nos braços de Deus... *Julie, mande-nos um sinal.*

Após o serviço, Jane e Ralph puseram o filho ainda adormecido novamente dentro do carro e dirigiram-se para casa. Alguns minutos depois, Nicky finalmente acordou.

— Tive um longo sonho. — Do banco da frente, Jane se virou para olhar para ele.

— Com o que você estava sonhando?

Nicky sorriu.

— Com a Julie.

Era a primeira vez que ele a tinha mencionado em muitos dias.

— Como estava Julie, querido? — perguntou Jane suavemente, temendo as lágrimas dele.

Mas Nicky ainda estava sorrindo, como se soubesse um segredo maravilhoso. De modo claro e preciso, como se estivesse transmitindo uma mensagem com palavras que não eram suas, ele olhou diretamente para a mãe.

— Julie disse para contar para vocês — disse ele — que ela está nadando com os golfinhos.

Golfinhos. Seria verdade? Jane lembrou-se da promessa de Julie, muito tempo atrás, e as lágrimas encheram seus olhos. Julie estava em casa, segura, com os anjos do mar e do céu. Era isso que Jane tinha perguntado, o que todos eles precisavam tanto saber.

Nicky ainda estava sorrindo, e agora seu pai tinha uma pergunta.

— Nicky, Julie está feliz?

Com os olhos brilhando, Nicky estendeu os braços.

— Não consigo alcançar o quanto *grande* ela está feliz!

Hoje, a dor da perda ainda é enorme, e a fé algumas vezes vacila. Porém os O'Donnell confiam na mensagem que Nicky captou para eles, especialmente porque ele nunca mais lamentou a perda de Julie. É como se lhe tivesse sido dado um vislumbre da eternidade. E por que não?

— As coisas que parecem deixar os adultos tão perplexos normalmente são bastante simples para as crianças — diz Agnes Sanford, conhecida mística cristã. — Elas ainda não esqueceram Deus, de quem vieram.

E ninguém também irá esquecer de Julie Rose O'Donnell, que em sua vida breve demais embelezou os caminhos de muitas pessoas. Ela amou muito e profundamente, na Terra, e ainda o faz, do céu. Uma criancinha nos tem revelado isso.

Visão de Janet

A luz de Deus me cerca,
O amor de Deus me envolve,
O poder de Deus me protege,
E onde quer que eu esteja, Deus está.

— ANÔNIMO

Marilynn Webber, autora de *A Rustle of Angels*, detestava ir ao médico e não fazia um exame completo há muito tempo. Uma noite, quatro anjos vieram até ela em um sonho.

— Eles não eram os gloriosos seres brilhantes que eu sempre tinha imaginado que os anjos fossem — conta Marilynn. — Esses estavam vestidos de preto e pareciam estar se lamentando.

Convocando sua coragem, Marilynn lhes perguntou por que estavam tão tristes.

— Porque — disse um deles —, se não for feita alguma coisa logo, você vai morrer.

De repente, Marilynn estava totalmente acordada, tremendo diante da nitidez do sonho. Tinha sido tão real, como nenhum outro que ela já havia tido. Seria verdade? Estaria ela doente?

No dia seguinte, Marilynn visitou seu médico. Os exames mostraram que ela estava com um câncer uterino, normalmente um matador silencioso.

— Se você não tivesse ido fazer um exame completo na época em que o fez — disse o médico a Marilynn depois da sua bem-sucedida cirurgia —, acho que não poderíamos tê-la salvado.

O sonho precognitivo — mostrando um acontecimento antes de ele ocorrer — provavelmente é o tipo mais difícil de se entender. Em alguns casos, como no de Marilynn, o sonhador precavido pode agir, ou proteger-se com o poder da oração. Outras vezes, parece que nada pode ser feito para modificar a conseqüência. Nesses momentos, talvez o sonho, ou a visão, seja a maneira de Deus nos preparar para que saibamos que Ele está por perto e que irá nos ajudar a passarmos pelo que estiver à frente.

Janet J. Corrao concorda. Em agosto de 1992, ela estava ocupada fazendo as malas para as férias da família na Pensilvânia quando passou por uma experiência estranha.

— Eu ouvi uma voz. Na verdade, não era uma voz audível, mas estava em algum lugar dentro da minha mente — diz Janet. — A voz me perguntou o que eu faria se nosso carro pegasse fogo. — Uma pergunta ridícula, pensou Janet. Porém, antes que se desse conta disso, ela respondera:. — Sairia correndo, é claro.

A voz persistiu.

— E com relação aos seus filhos, no banco de trás?

— Por quê? Eu voltaria e para pegá-los.

Janet parou. Ela poderia? Realmente poderia atravessar as chamas para salvar seus filhinhos? Poucas pessoas são chamadas a arriscarem suas vidas dessa maneira. E com relação a ela?

Enquanto considerava a idéia, subitamente viu uma cena, tão vívida que parecia que uma tela de cinema havia se desenrolado à sua frente. Ela e o marido, Joe, estavam sentados no banco da frente do carro e seus três filhos estavam no de trás. Joe estava gritando para ela. "Saia! O carro está pegando fogo!" Agora ele estava saltando de trás do volante, abrindo violentamente a porta de trás do carro e arrastando Liana, a filha de 11 anos, para fora do assento.

Janet também se viu agindo na tela mental.

— Com a cabeça, concordei com ele, peguei alguma coisa no banco, virei-me, destranquei as portas — primeiro a minha; depois, a de trás —, saí, abri a porta de trás, desafivelei o cinto do assento da minha filha Toni, depois desengatei Joey, meu filho de três anos, da sua cadeirinha — ele estava dormindo. Carregando-o, agarrei Toni e corri com ela para a frente do carro, onde havia algumas barreiras de segurança, do tipo que eles usam na construção de estradas, com anéis fluorescentes ao redor delas. Nós nos amontoamos atrás das barreiras enquanto o carro explodia e queimava. — Depois a cena desapareceu.

Janet ficou horrorizada. Que coisa terrível para contemplar! E por quê? Gradualmente, seu coração que batia acelerado foi se acalmando e ela reassumiu suas tarefas. Ela não pensaria mais na estranha ocorrência.

O resto do dia transcorreu normalmente. Entretanto, quando Janet preparava o jantar, a visão retornou e ela viu toda a seqüência novamente. *Oh, Deus, por favor, afaste isso!* ela se ouviu rezando. Era a última coisa de que ela precisava no início de umas férias.

Naquela noite, Janet sonhou repetidamente com o acontecimento, em uma série bizarra de repetições instantâneas.

— No dia seguinte, contei a Joe o sonho — recorda-se ela. — Graças a Deus, ele falou muito pouco, disse-me apenas para tentar relaxar e não deixar que minha imaginação me vencesse.

Visão de Janet

Mas Janet estava ficando inquieta. Durante todo aquele dia, enquanto tomava as providências finais para a partida deles, o sonho/visão veio diversas vezes, agora em uma versão acelerada. Joe gritando, tirando Liana para fora. Janet concordando com a cabeça, pegando alguma coisa no banco, destrancando as portas, desafivelando Toni, erguendo Joey, correndo, escondendo-se atrás das barreiras... Mais rápido, mais rápido!

— Não importava o quão arduamente eu tentasse, não conseguia parar de ver aquilo — diz ela. — Achei que devia estar enlouquecendo.

Em uma manhã de domingo, os Corrao saíram com o tempo chuvoso, mas, depois de algum tempo, o céu clareou e as montanhas da Pennsilvânia surgiram majestosas e belas. Chegaram a Hershey sãos e salvos e alcançaram Lancaster na noite da segunda-feira seguinte. Janet não tinha tido o sonho durante dois dias. Estava aliviada. Auspiciosamente, toda a penosa experiência acabara.

— Porém, às quatro horas da madrugada, acordei e me sentei na cama do motel, tremendo como uma folha — diz Janet. — Tinha tido o sonho novamente! A televisão ficava bem do outro lado do quarto, e eu parecia estar vendo aquela cena na tela!

Concordar com a cabeça, pegar alguma coisa no banco, destrancar as portas, desafivelar Toni, pegar Joey, correr para as barreiras, correr... Joe acordou e tentou confortá-la.

— Eu sabia que isso o estava atingindo. Mas tudo o que eu conseguia pensar era... Senhor, estamos tão longe de casa. E se alguma coisa *realmente* acontecer? Por favor, mande seus anjos para cuidarem de nós.

No dia seguinte, eles visitaram Strasburg, uma comunidade *amish*, e quando estavam em uma loja, Janet viu um boné de treinador listrado em azul e branco. Sentiu um estranho impulso.

— Precisamos comprá-lo para Joey — disse ela.

Surpresas, as filhas olharam para ela. Mamãe estava sempre lhes dizendo para não ficarem pedindo lembrancinhas, e ali estava *ela*, comprando um tolo boné para o irmão menor!

— Mas, assim que o compramos, eu me senti muito tranqüila — diz Janet —, como se tivesse que fazer aquilo.

Naquela noite, o sonho não veio. Teria ele — misericordiosamente — terminado? Janet não ousou ter esperança. Porém, em sua última manhã, ela se virou em direção a casa deles em Nova Jersey com o coração mais leve. Em vez de pegar a auto-estrada de volta, Joe optou por um percurso mais panorâmico, através de estradas laterais e de rodovias menores. Mas, ao contrário, isso se revelou uma confusão de shoppings, sinais de trânsito e alamedas que diminuiu a velocidade deles e os confundiu. Finalmente, perceberam que estavam perdidos.

Joe estava muito agitado e uma sensação sinistra parecia ter se estabelecido em todos eles. Janet começou a rezar, quase que com urgência. Alguma coisa estava acontecendo, mas ela se sentia impotente para parar o que estava acontecendo. De repente, Joe quebrou o silêncio.

— Olhe a janela de trás, Janet. Você vê fumaça?

Janet se virou. Parecia um escapamento excessivo no cano de descarga.

— Talvez tenhamos posto gasolina ruim? — ela comentou.

Abruptamente, Joe deu uma guinada até o acostamento.

— Saia! — ele gritou para ela, enquanto pulava para fora do seu lado e abria violentamente a porta de trás para pegar Liana. — O carro está pegando fogo!

Pegando fogo... Janet viu chamas azuis passando por ela. E subitamente soube com exatidão o que fazer. Calmamente, ela pegou o novo boné de Joey do banco da frente, virou-se, destrancou as duas portas, saiu e abriu a porta de trás. Metodicamente, desatou o cinto da Toni e desafivelou seu adormecido filho da cadeirinha, enquanto repetia a mesma frase, em silêncio... "O carro está pegando fogo, mas está tudo bem. Está tudo bem."

Segurando as duas crianças menores, Janet apressou-se em direção à frente do carro, com Liana correndo atrás dela. Estaria ela sonhando agora? Não, lá estavam as duas barreiras de segurança exatamente à frente no acostamento, com largas faixas fluorescentes nelas. Ela e as crianças se abaixaram atrás das barreiras. Agora ela podia ver chamas pingando em uma poça sob o motor. *Vai explodir*, pensou ela. Onde Joe estava?

Joe havia corrido na direção de um caminhão que parara atrás do carro em chamas. Um momento depois, ele e o motorista começaram a atirar areia da beira da estrada nas chamas. Logo o fogo se apagou, e instantes depois Janet ouviu o som de sirenes se aproximando.

O motorista do caminhão, um policial de Allendale, Nova Jersey, que estava de folga, pedira ajuda pelo telefone do seu veículo. Mas ele ainda não conseguia acreditar que todo mundo estava em segurança.

— Vi o carro de vocês uns 800 metros atrás, com as chamas e a fumaça cobrindo-o — falou ele para Janet quando ela e as crianças surgiram tremendo de trás das barreiras. — Pensei que todos vocês estavam mortos.

Os técnicos da emergência médica examinaram todos para verem se não estavam envenenados pelo monóxido de carbono.

— Eles também ficaram espantados — diz Janet. — Estávamos com o ar condicionado ligado e os vapores da fumaça tinham enchido o carro. Certamente, as crianças poderiam ter ficado doentes, se não coisa pior. Mas estávamos todos bem.

Somente quando o carro foi rebocado e a família levada até um vestíbulo de hotel para telefonar para os parentes é que Janet teve um momento de tranqüilidade. E nesse momento ela ouviu a voz, agora familiar, em sua mente. "Vê o quanto Ele os ama?", perguntou a voz.

O sonho! Ela não tinha pensado nisso até agora!

— No entanto, com exceção da explosão, tudo tinha acontecido exatamente da maneira como me havia sido mostrada. O boné no banco da frente — quando tive o sonho pela primeira vez, eu ainda não o comprara. Por isso, evidentemente, não conseguia identificá-lo. O aviso de Joe, destrancar as portas, pegar as crianças, chamas por toda a nossa volta, e eu tão calma...

Longe de ser um infortúnio, o sonho tinha sido um misterioso e inexplicado ensaio, descendo até mesmo ao detalhe pouco importante do boné, uma preparação específica para que ela pudesse agir de forma a permanecer calma.

O carro foi examinado cuidadosamente diversas vezes pelos mecânicos, mas não foi encontrado problema algum, e Joe o dirigiu em segurança durante mais um outro ano. As crianças Corrao não tiveram medo após o episódio nem ficaram, em absoluto, relutantes em viajar em carros. Janet nunca mais teve o sonho novamente, ou qualquer outra premonição. E não sabe por que esse aviso em particular chegou em forma de sonho.

— Mas realmente acredito — diz ela — que, se existe alguma coisa que você deva saber, o Senhor encontrará uma maneira de lhe passar a mensagem, de modo claro e conciso, sem nenhuma dúvida a respeito de sua procedência.

Ele nos ama, diz ela, muito assim.

Salva-Vidas Angélico

Porém, se esses seres o guardam, eles o fazem porque foram convocados através das suas orações.

— SANTO AMBRÓSIO, QUARTO SÉCULO

As adolescentes Kimberly Winters (hoje McJunkin) e sua irmã Rachel tinham aprendido a nadar no pequeno lago da sua cidade natal, Waxahachie, no Texas, e sentiam-se muito seguras dentro d'água. Então, quando a família ia visitar parentes no Alabama e as moças descobriram que a baía Mobile ficava logo atrás da casa da sua tia, elas ficaram encantadas.

— No dia seguinte, colocamos nosso material de natação no carro — recorda-se Kimberly. — Em um impulso, minha mãe acrescentou os artigos de natação de meu pai. Papai não é um nadador, mas ocasionalmente anda pela beira da praia.

A família chegou à casa de tia Elaine. Na praia, Elaine, o Sr. e a Sra. Winters e uma vizinha ficaram confortavelmente na areia.

— Nosso irmão mais novo brincava na beira da água, mas Rachel e eu queríamos ficar em águas realmente profundas — diz Kimberly. — Andamos para o fundo da baía.

Foi uma longa caminhada. A área era bastante rasa e as moças continuaram a andar, imaginando quando teriam profundidade suficiente para nadar.

— Olhe! — Rachel ria enquanto ela se virava. — Todas as pessoas na praia parecem pontos minúsculos!

Os adultos ficaram conversando animadamente, mas finalmente tia Elaine procurou-as, e deu um grito abafado:

— Nunca ninguém foi tão longe! As meninas devem voltar.

— Ainda parece bastante raso — observou a Sra. Winters.

— Não, em algum lugar por lá existe uma depressão profunda, um canal navegável. E também há arraias e águas-vivas. — A tia Elaine deu um salto. — Meninas! Voltem!

A Sra. Winters virou-se para o marido:

— Murl, você poderia...?

Mas o Sr. Winters já estava indo para a casa, vestir suas roupas de banho. Com certeza suas filhas iriam ouvir tia Elaine, mas, de qualquer maneira, ele iria atrás delas.

Mas elas não ouviram.

— Quando voltei para a praia, só os ombros e as cabeças da meninas estavam visíveis — diz Murl. — Elas estavam a pelo menos uns 800 metros da praia.

Ele mergulhou na água. Água-viva... uma depressão profunda... Precisava chamar a atenção delas.

— Kimberly! Rachel! — gritava ele, mas em vão.

Temerosos, os outros adultos observavam. A conversa despreocupada tinha se transformado em oração.

Agora, com a água acima de suas cabeças, as moças estavam mergulhando nas ondas, voltando novamente à superfície e divertindo-se bastante. Ocasionalmente, alguma coisa roçava em suas pernas, mas elas não estavam com medo. Quando viram o pai se aproximando, ficaram surpresas.

— Papai, o que você está fazendo aqui? — perguntou Kimberly. — Você nunca entra em águas profundas.

— Vocês estão um pouco longe demais — falou Murl calmamente. — Venham mais para perto da praia.

As moças obedeceram, Murl andou de volta até a praia e tudo ficou bem. Se o pai parecia mais pensativo do que o usual naquela noite, realmente nenhum dos filhos notou.

Porém, no dia seguinte, Murl decidiu compartilhar algo com sua família. Ele tinha entrado na baía para chamar as filhas, lembrou ele às outras pessoas. E então alguma coisa havia acontecido.

Murl tinha visto uma terceira pessoa na água com as meninas. A princípio, ele pensara que era a vizinha e ficou imaginando como ela teria chegado até suas filhas antes dele. Mas depois percebeu que não era ela. Era um homem, um jovem, usando uma camiseta branca.

O homem não parecia estar conversando com Kimberly e Rachel, ou tocando-as, enquanto elas subiam e desciam nas ondas. Em vez disso, ele estava nadando *ao redor* delas, em uma espécie de arco protetor.

— Às vezes, ele ficava entre as meninas; e, outras vezes, notei que ficava de um dos lados, ou do outro — diz Murl.

Murl tinha piscado, duvidando do que via. Seria uma ilusão provocada pela luz do sol? Ele estaria vendo em dobro?

Não, porque, se estivesse, estaria vendo duas imagens das filhas e também duas do homem. Além disso, a segunda imagem estaria se movendo em sincronização com a primeira. Em vez disso, todas as três figuras se moviam independentemente uma da outra. Mas quem...?

O homem continuou a nadar de um lado para o outro, observando atentamente as meninas — até Murl chegar a poucos metros de distância.

— Nesse momento, só as cabeças de vocês estavam visíveis — falou Murl para as filhas. — Quando vocês se viraram, ao som da minha voz, percebi que a figura havia desaparecido.

Chocada, Kimberly pensou no roçar contra suas pernas, na profundidade perigosa da baía. E se ela ou Rachel tivessem tido câimbra ou sido mordidas?

— Em nossa ansiedade para nos divertirmos, tínhamos colocado nossas vidas em perigo, e não sabíamos disso — diz ela. — Mas Deus escolheu esse momento para revelar o fato de que Ele estava observando. E Ele ainda observa, todos os dias, mesmo quando não estamos em perigo.

Amor na Luz

Os caminhos de Deus parecem obscuros, mas, cedo ou tarde,
Eles tocam as colinas brilhantes do dia.

— JOHN GREENLEAF WHITTIER,
"FOR RIGHTEOUSNESS SAKE"

Eleanor Bickenheuser era uma moça de cidade pequena, de Bedford, Indiana, quando — após um tumultuado namoro em 1958 — casou-se com William J. (Jerry) Westfall, na época um primeiro-tenente do Exército. Em um ano Jerry foi designado para a Companhia de Aviação 503 da Terceira Divisão Blindada em Hanau, na Alemanha. Eleanor se despediu da família e dos amigos e preparou-se para a aventura no outro lado do mundo.

Eleanor diz que Hanau era uma cidade pequena, conhecida apenas por ser o local de nascimento dos Irmãos Grimm, os autores que escreviam contos de fada. Porém, durante aquele primeiro ano, Eleanor achou sua nova vida fascinante. E também não ficou tão sozinha quanto esperava ficar.

— Os militares têm uma ligação especial — explica ela. — Nós nos tornamos as famílias uns dos outros.

Os Westfall desenvolveram uma amizade especialmente forte com Manny e Connie Guerraro, um casal afetuoso e hospitaleiro com o qual eles compartilhavam informações práticas, refeições feitas em casa e, ocasionalmente, tomavam conta dos filhos pequenos. Quando Eleanor ficou grávida, Manny ficou excitado como se *ele* fosse se tornar pai novamente.

— Vou apostar que é uma menina! — falou ele mais de uma vez para Eleanor e Jerry.

No entanto, ele nunca ficou sabendo. Em agosto de 1961, o capitão Guerraro, acidentalmente, bateu com o helicóptero em uma linha de transmissão, e o avião explodiu. Ele morreu instantaneamente.

Eleanor lamentou profundamente. Ela sabia que tais manobras eram perigosas, mas a morte de uma pessoa tão jovem — e tão íntima — era difícil de suportar.

— Houve outras mudanças também — recorda-se ela. — Connie fez as malas e ela e seus filhos pequenos voltaram para casa, nos Estados Unidos — quando nós o perdemos, perdemos também Connie e as crianças. E com a construção do Muro de Berlim as tensões militares aumentaram.

Então o inverno chegou — uma estação gelada e triste, na qual o sol mal surgia às 9h da manhã e se punha novamente por volta das 3h da tarde. Em dezembro, Eleanor deu à luz o bebê Nancy, provocando uma ligeira onda de sofrimento, apesar da alegria. Oh, por que os Guerraro não podiam estar aqui ainda para compartilhar esse momento especial? Jerry também não pôde consolá-la. Poucos dias após o nascimento de Nancy, ele foi designado para manobras de campo e ficou fora durante quase quatro meses. Eleanor foi deixada para aprender sozinha sobre a maternidade.

Porque o inverno na Alemanha era muito longo e deprimente, o Clube das Esposas dos Oficiais patrocinava atividades regulares para manter o moral das mulheres elevado. Uma das atividades era um curso de confecção de chapéus. Os chapéus eram populares devido à afeição da primeira dama Jacqueline Kennedy por eles. Mia, uma mulher que gerenciava uma loja de chapéus para senhoras na cidade vizinha de Bad Vilbel, todas as semanas ia ensiná-las a fazerem seus próprios chapéus. Uma vez que Mia não tinha carro, alguém sempre a levava e trazia de volta, uma viagem de cerca de 44 quilômetros.

Uma manhã, Eleanor recebeu um telefonema da motorista designada que não podia apanhar Mia porque seus filhos estavam doentes. Eleanor poderia substituí-la? Eleanor estava desanimada com relação a assistir a aula, mas já que tinha uma babá para o bebê, concordou; talvez a viagem levantasse seu ânimo.

O que não aconteceu.

— Em vez da auto-estrada, resolvi pegar uma outra estrada, cercada por florestas, porque pensei que seria mais rápido — diz ela.

Mas o sol ainda não havia surgido e o céu estava escuro, anunciando um outro dia cinzento e frio. As árvores, estendendo seus ramos sem folhas, pareciam tristes e mau-humoradas, e estavam crescendo em ambos os lados da estrada. Enquanto os quilômetros passavam rapidamente, Eleanor começou a se sentir oprimida. Seus pensamentos repassavam o recente acidente trágico e o sofrimento a envolvia novamente como um cobertor. Não haveria um final para isso?

Abruptamente, Eleanor deparou com uma pequena elevação na estrada. Quando atravessou a colina e começou a descer, ela piscou. Estaria vendo coisas?

Não, aquilo era real. Toda a paisagem à sua frente tinha sido misteriosamente transformada. Ali, em vez de crescerem perto da rodovia, as árvores, dos dois lados da estrada, ficavam bem para trás. Mas Eleanor ainda podia vê-las claramente — e apesar do dia de inverno, estavam cobertas de folhas! E mais, as folhas pareciam *douradas*, não verdes.

Atônita, Eleanor foi para o acostamento e parou.

— Apesar da escuridão do dia, comecei a perceber que havia uma afetuosa presença brilhante sobre a cena como um todo — diz ela. — Era como se uma maravilhosa luz celestial estivesse iluminando todas as folhas nas árvores. Depois, a luz me atravessou — não como uma força, porém mais como uma brisa. Eu me senti carregada de paz e energia, abençoada, exaltada e transformada, tudo ao mesmo tempo.

Durante alguns espantosos momentos, Eleanor se aqueceu na majestosa exibição.

— Depois, senti-me compelida a compartilhar isso com alguém — diz ela. — Fui correndo em direção a Bad Vilbel pegar Mia. — Talvez a Dama do Chapéu soubesse alguma coisa a respeito desse local mágico: por que as folhas cresciam aqui no inverno, de onde vinha a gloriosa luz...

Porém Mia só parecia perplexa diante da excitada esposa do militar. E enquanto as duas mulheres voltavam em alta velocidade pela mesma estrada, a frustração de Eleanor crescia. Evidentemente, a clareira estaria lá — tinha que estar!

— Mas não passamos por nada que remotamente se assemelhasse a ela — diz Eleanor. — Durante todo o percurso de volta à base, as escuras árvores sem folhas cresciam bem na beira da estrada.

E também, apesar das muitas viagens subseqüentes por aquela estrada, nunca mais ela ou qualquer outra pessoa deparou com aquela cena encantadora.

Mas Eleanor acredita que recebeu a mensagem que aquilo continha.

— Para mim, a luz dourada era uma garantia do céu. Deus a enviou para me deixar saber que, apesar do momento difícil que eu estava atravessando e de mais perdas que ainda viriam, Ele estava ali. E não apenas para mim, mas para todos nós, em todas as coisas, até mesmo nos momentos mais sombrios e dolorosos. Senti que Ele estava dizendo: "Eleanor, fique ligada. Pare de se lamentar agora porque tudo está bem." E eu o fiz.

Uma visão mágica, maravilhosa... Eleanor nunca encontrou uma explicação para isso. E também nunca precisou de uma. Algumas coisas devem permanecer misteriosas.

Sentinelas Caninas

Anjos onde quer que vamos,
Acompanhando nossos passos aconteça o que acontecer.
Com cuidado vigilante eles cumprem seu dever,
E desviam o mal.

— CHARLES WESLEY

Nora não quer que seu verdadeiro nome seja usado, "porque ainda fico constrangida com o fato de quão ingênua eu era". Naquela época, como uma moça tímida de 18 anos, ela estava ligada a sonhos românticos.

— Mais do que qualquer outra coisa, eu queria um homem em minha vida — diz ela. — Minha melhor amiga tinha acabado de encontrar alguém especial e eu desejava que a mesma coisa acontecesse comigo.

Nora morava com Mark★, seu irmão mais velho, com a cunhada e o bebê deles, na periferia de uma pequena cidade do Arkansas, porque ficava perto do seu trabalho em uma fábrica de calçados. Compartilhando a casa, havia três cães brancos com grandes manchas pretas, que Mark usava para caçar quatis e codornas. Os cachorros eram afetuosos e bagunceiros, sempre pulando em cima de Nora, que gostava de brincar com eles. Ocasionalmente, ela tomava conta do sobrinho pequeno, e assistia à missa todos os domingos.

— Eu acreditava em Deus e na Bíblia — diz ela. Minha mãe sempre dizia que se algum dia eu tivesse problemas, devia pedir ajuda a Deus.

Nora não antecipava quaisquer problemas — na verdade, *esse* era o problema! Embora sua vida fosse agradável, parecia estar sob controle.

Um dia, uma amiga apresentou Nora a um bonito rapaz. Nora gostou de Peter★ imediatamente, e quando ele a convidou para um jantar informal, aceitou alegremente. Porém, durante o jantar, Peter fez vários comentários sugestivos e Nora ficou apreensiva. Ficou aliviada quando ele a levou de volta para a casa do seu irmão.

— Estava escuro e havia uma pequena alameda que passava pela casa. Peter sugeriu que déssemos um passeio antes de ele ir embora — diz Nora. — Eu hesitei, uma vez que sabia que minha cunhada e o bebê tinham ido passar o fim de semana com os pais dela e que meu irmão estava fora caçando. Mas era uma linda noite estrelada...

Peter segurou a mão dela, e apesar das dúvidas, os sonhos românticos de Nora venceram.

Entretanto, ela havia cometido um erro. Antes de terem percorrido mais do que alguns metros no caminho deserto, Peter subitamente atacou Nora, empurrando-a para o chão. Ele era tremendamente forte, e horrorizada Nora percebeu que não seria páreo para ele. O pânico quase a dominou, mas então um pensamento passou por sua mente. Deus a estava observando! Ele sabia o que estava acontecendo, Ele a amava, e não a abandonaria — sua mãe lhe dissera isso.

— Deus, ajude-me! Envie ajuda! — gritou Nora enquanto lutava. — Deus, por favor...

Parecia em vão. Peter a estava subjugando, mas Nora continuava a rezar, em voz alta. Palavras, sobre as quais ela nem sequer pensava, fluíam. De repente, Nora sentiu uma presença. Olhando para cima, ela deu um grito sufocado. Os três cães de caça de Mark, delineados ao luar, estavam parados sobre eles.

Mark! Ele estaria por perto? Ele a teria escutado gritar? Mas não havia ruído algum. Nora sabia que os cachorros jamais sairiam do lado dele. E, definitivamente, aqueles eram os cachorros dele — ela reconheceu suas marcas características. Mas por que ela não ouvira quando eles se aproximavam? E por que eles não tinham latido e pulado em cima dela como sempre faziam?

Espantado, Peter a soltou. Olhou fixamente para os cães e eles o olharam de volta. Um deles latiu uma ou duas vezes, depois ficou quieto. Os outros permaneciam mudos, nem atacando nem recuando, apenas... lá, como sentinelas. Nora achou que era quase como se eles compreendessem o que estava acontecendo e estivessem assistindo com assustadora desaprovação.

Peter se levantou e foi embora, andando cada vez mais rápido, enquanto se dirigia de volta ao carro. Os cães observavam, mas permaneciam com Nora, fazendo um círculo ao seu redor. "Agora você ficará bem", eles pareciam dizer. Tremendo, ela ficou em pé. Ela *estava* bem, exceto por sua desilusão. Não fosse pelos cachorros... Lentamente, ela subiu a alameda em direção à casa, olhando para trás, para ver se eles a estavam seguindo. Mas agora a alameda estava vazia. Eles deviam ter voltado para Mark. Mas por que ele não tinha vindo até ela?

Muitas horas depois, Mark finalmente parou o caminhão na entrada da garagem. Agora os cachorros estavam latindo ruidosamente e quando viram Nora, saltaram do caminhão e pularam afetuosamente em cima dela.

— Onde você esteve? — perguntou Nora a Mark enquanto esquentava a comida para ele.

— Esta noite eu e os cachorros estivemos caçando quatis em Finch — disse-lhe Mark.

Finch. Ficava a pelo menos 24 quilômetros de distância.

— A noite *toda*? — perguntou Nora, confusa.

— Saímos quase na mesma hora que você — explicou Mark. — E desde então estivemos nas montanhas.

Os cães não poderiam ter coberto uma extensão de 24 quilômetros para estarem ao seu lado.

— Os cachorros estavam com você o tempo todo? — perguntou Nora.

— O tempo todo, como sempre.

— Então...

Talvez os animais que ela tinha visto pertencessem a uma outra pessoa. Não, Nora conhecia todos os cachorros da área, e nenhum se parecia com os de Mark. E que tipo de cachorro seria tão silencioso, tão protetor?

Mark estava olhando para ela com curiosidade. Mas ela iria precisar de algum tempo para pensar antes que pudesse contar ao seu irmão — ou a qualquer outra pessoa — a respeito do que estava começando a acreditar. Porque, se os cachorros que a tinham salvado não eram os de Mark, ou de qualquer outra pessoa, então, de onde eles surgiram? E Quem os tinha enviado?

Hoje Nora é casada e mãe de dois filhos. Mas ela nunca irá esquecer aquela noite.

— Acho que foi intervenção divina — diz ela.

Os anjos realmente surgem de muitas formas.

Sempre um Pai

O céu e a Terra são fios de um único tear.
— DITADO SHAKER

Era uma agitada manhã de outubro de 1991 quando Sharon Stultz saiu para ir a Pittsburgh pegar seu segundo carro (que havia quebrado na casa de uma amiga de lá) e rebocá-lo de volta para sua casa em Alexandria, Virgínia. Ela nunca rebocara nada antes, e estava nervosa, mas pôs o engate alugado atrás de uma caminhonete emprestada e dirigiu-se para a estrada interestadual.

— Pouco antes de entrar na estrada, curvei minha cabeça e disse: "Querido Senhor, por favor, leve-me e traga-me de volta e mantenha-me na concavidade da Sua mão" — diz Sharon.

Enquanto rezava, ela pensou no seu pai, um enorme homem corpulento que sempre tinha sido seu guardião — e seu melhor amigo. Ela ainda sentia falta dele, embora ele já tivesse morrido há quase 10 anos. Se papai estivesse aqui, Sharon sabia, pegaria o carro para ela ou pelo menos iria junto, para ajudar. Ela suspirou. Tinha esperanças que seu pai estivesse observando do céu e enviasse alguma proteção adicional.

A viagem até Pittsburgh foi tranqüila. Portanto, após engatar o carro, Sharon decidiu voltar para casa naquela mesma noite. Porém, quando chegou em

Breezewood, na Pensilvânia, eram 10h da noite e ela percebeu que tinha cometido um erro.

— Puxar o carro diminuía minha velocidade e eu estava começando a sentir os efeitos de estar dirigindo e da tensão — diz ela.

Era hora de encontrar um motel.

Em uma parada de caminhões, Sharon desfrutou de uma fortificante refeição. Mas não havia nenhum quarto disponível.

— Parei em diversos motéis, mas nenhum tinha vaga — diz ela.

Agora, ela estava quase em pânico. Não conseguia se imaginar dormindo na caminhonete no acostamento de uma estrada.

— Senhor, Você tem estado me segurando em Sua mão e eu agradeço — murmurou ela. — Mas preciso de algum socorro extra imediatamente.

Uma vazia extensão de estrada surgia à sua frente. Sharon continuou a rezar e passou por Hagerston, Maryland, sem incidentes. Porém, quando se aproximava de Frederick, sentiu a caminhonete dar uma guinada. Ela quase saíra fora da auto-estrada! *Precisava* parar agora, antes que desse uma batida. Não, ela não podia — onde iria dormir? Apenas mais 80 ou 100 quilômetros, mas os seus olhos estavam pesados, tão pesados... Ela estava cabeceando de sono, e não iria conseguir...

Então, Sharon sentiu uma brisa fresca roçar suas faces e um par de grandes mãos descerem delicadamente sobre as suas no volante. Era como se alguma outra pessoa estivesse tomando conta dela, alguém seguro, alguém que ela conhecia... Seus olhos se fecharam completamente, e ela deslizou para um abençoado descanso.

Sharon acordou no dia seguinte às 11h da manhã, completamente vestida e deitada em sua própria cama. Atônita, ela pulou da cama e olhou para a entrada da garagem. Seu *outro* carro estava lá, o que ela havia estacionado na casa de um amigo quando pegara emprestada a caminhonete dele.

— Claro, a caminhonete e seu carro rebocado estão aqui — disse o amigo quando Sharon telefonou. — Você os deixou aqui e pegou seu outro carro bem cedo esta manhã, não foi?

Ela não sabia. Não se lembrava de *nada*. Como ela poderia ter dirigido 80 quilômetros, trocado um carro pelo outro e chegado em casa a salvo sem ter consciência disso?

Mas, espere. Permanecia uma lembrança indistinta, de paz, de ser cuidada, de grandes mas delicadas mãos sobre as dela, mãos que ela reconhecia... as mãos do seu *pai*! Lágrimas brotaram nos olhos de Sharon. Não podia ser. Mas ela não tinha pedido a Deus para lhe enviar alguma proteção adicional? E que escolha mais perfeita Ele poderia fazer?

Alguns dias depois, Sharon encontrou um amigo no supermercado.

— Oi, eu vi você rebocando um carro na 495 bem tarde outra noite — disse ele.

A Rodovia 495 era a pista ao redor de Washington, D.C., sua última etapa até em casa. Mas ela havia dormido naquela altura.

— Fiquei pensando — continuou o amigo — quem era o cara enorme que dirigia sua caminhonete?

— O cara enorme? — perguntou Sharon.

— Bem... — Ele fez uma pausa. — Não poderia dizer com certeza, mas *parecia* um cara. No entanto, eu também podia ver você no mesmo assento. Havia muita luz ao seu redor, como um brilho... — Ele deu de ombros. — Acho que isso soa bastante estranho.

Sempre um Pai

Nada estranho, pensou Sharon. Todas as peças se encaixavam.

— Serei sempre agradecida a Deus pelo privilégio de ser capaz de sentir a presença do meu pai, de saber que papai ainda está cuidando de mim lá do céu — diz ela.

E no caso de ela alimentar alguma dúvida, uma ocorrência recente ajudou a dispersá-la.

Todas as manhãs, um homem que mora do outro lado da rua de Sharon vai para o ponto de ônibus mais ou menos na mesma hora que ela.

— Nossa rua é muito escura naquela hora, e sempre fico um pouco nervosa até chegar ao ponto de ônibus — diz ela.

Embora o vizinho nunca tivesse falado com Sharon, uma manhã ele se aproximou dela.

— Eu daria tudo para saber quem é aquele homem que anda atrás de você — disse ele.

— Homem? Que homem? — perguntou Sharon.

— Ele é realmente enorme, difícil de não ver. E está lá todos os dias, apenas lhe acompanhando. Mas quando você chega ao ponto de ônibus, ele não está em nenhum lugar à vista.

Oh, sim, ele está, pensou Sharon. *Posso vê-lo, com o meu coração.*

Quando Pedimos

Busque o Doador, nunca o dom. Se você quer alguma coisa de Deus, então fique a sós com Ele, converse com Ele a respeito.

— SANDRA PRATT MARTIN, *BITE YOUR TONGUES*

A oração persistente é parte do plano de Deus para nos ajudar a desenvolver um relacionamento com Ele. E às vezes precisamos rezar durante um longo período de tempo para que Deus possa construir áreas de fé dentro de nós, que somos fracos e precisamos de ajuda.

Porém, também existem momentos em que a resposta à nossa oração é tão imediata — e tão íntima — que ficamos maravilhados com o toque delicado de Deus.

Com 25 anos de idade, Eugenio Mendez estava morando sozinho em Seattle, Washington, longe da sua família, lutando com as exigências de um novo emprego. Ele tinha tentado namorar e fazer amigos, mas era tímido e a socialização estava sendo difícil.

— Gradualmente, entrei em uma rotina de trabalhar muitas horas, ir para casa, assistir um pouco de TV e depois dormir — diz ele. — Logo eu estava profundamente deprimido.

Quando Pedimos

Uma noite, Eugenio olhava distraidamente para a televisão. Se ao menos tivesse um sinal, algo que lhe desse confiança de que sua vida não seria sempre solitária.

— Deus — falou ele em voz alta —, não acho que possa conseguir muito mais. Por favor, ajude-me.

Quase imediatamente, Eugenio ouviu uma batida suave na porta. Surpreso, olhou para cima. Durante todo esse tempo em Seattle, ele só tivera uma ou duas visitas. Devia estar ouvindo coisas.

A batida soou novamente, um pouco mais insistente. Eugenio abriu a porta. À sua frente estava uma garotinha afro-americana segurando uma flor. Eugenio olhou atrás dela, esperando ver um adulto. Mas o corredor estava vazio.

Eugenio olhou novamente para a criança. Notou seus olhos piedosos e que ela parecia muito sábia para sua idade. Sorrindo, ela entregou a flor.

— Isto é para você — disse ela, colocando-a na mão dele.

Depois, ela se virou e sumiu, descendo as escadas.

Isto é para você. Suas palavras eram tão doces quanto um beijo. Em um instante o peso do desespero tinha saído dos seus ombros, para não voltar nunca mais. Alguns anos depois, Eugenio se casou, e hoje a sua vida é rica e plena. Porém, embora nunca tenha visto a criança novamente, ele nunca irá esquecer sua mensagem celestial perfeitamente oportuna: "Você não está, e nunca estará, sozinho."

Ken telefonou para o apresentador e para mim na estação de rádio KXLY, em Spokane, Washington, para contar sobre o dia em que ele precisou atravessar uma cadeia de montanhas puxando um trator.

— O motor do meu carro precisava de uma revisão, mas resolvi fazer a viagem de qualquer maneira — explicou ele.

No entanto o motor estalou e diminuiu a velocidade, e Ken logo percebeu que precisava substituir as velas de ignição.

Mas, onde? Estava escuro, e a rodovia, deserta. Ele estava se arrastando a 20 quilômetros por hora, e nessa velocidade, levaria a noite toda para atravessar a cordilheira. "Deus, fiz uma coisa estúpida. Por favor, tire-me disso", rezou Ken.

Bem adiante, havia uma pequena mercearia. Ken foi para o acostamento da estrada e entrou na loja. A balconista estava sozinha e não tinha nenhuma vela de ignição.

— Nós nunca vendemos isso — disse ela —, e não sei onde você pode conseguir a esta hora da noite. Não sem deixar a estrada e sair do seu caminho.

Com tristeza, Ken olhou para fora através da vitrine. E agora? Exatamente nesse momento, uma caminhonete de propaganda estacionou perto do carro dele.

— Na lateral da caminhonete estava escrito "Velas de Ignição" — contou Ken aos ouvintes. — Não "Suprimentos para Automóveis", ou "Oficina do Ed", ou qualquer coisa genérica. Apenas "Velas de Ignição". Como se tivesse sido enviada especificamente para mim.

Ken atravessou correndo a rodovia. O motorista da caminhonete tinha visto o carro estacionado e se perguntou se alguém estaria com problemas. Sim, ele tinha quatro velas do tamanho apropriado. Os dois homens trocaram as velas, o motorista pegou o dinheiro e foi embora. Ken atravessou a montanha a tempo — e em segurança.

— Com muita freqüência, as coisas funcionam perfeitamente bem — lembrou-nos Ken — e nos esquecemos de que o crédito deve pertencer a Alguma Outra Pessoa que não a nós mesmos.

Quando Pedimos

Roland e Mary Tom Haun têm uma fazenda de 200 acres no centro de Kentucky. Ambos são professores e criam cavalos da raça Appaloosa como segunda atividade. Em uma noite de inverno, Roland estava participando de uma reunião e Mary precisava levar sozinha o feno para os cavalos que estavam no campo.

— Tinha nevado o dia todo e o chão estava coberto por muitos centímetros de neve — explica Mary.

Agora o vento estava fustigando a neve. Mary carregou o trator com fardos de feno, mas por alguma razão resolveu não descarregá-los no local habitual, perto de uma cerca. Em vez disso, ela os levou diretamente até onde os cavalos estavam agrupados, no centro do campo. Foi uma feliz decisão, porque quando Mary se aproximou da manada, viu sangue na neve. Aparentemente, um cavalo havia se ferido. Qual, e quão gravemente?

— Comecei a espalhar o feno para os cavalos, olhando para descobrir qual estava ferido — diz Mary. — Mas estava ficando cada vez mais escuro.

Finalmente, ela o encontrou — um jovem reprodutor. Cada vez que ele dava um passo, o sangue escorria de um corte na perna. Mary tentou segurá-lo, mas é difícil alcançar um cavalo em campo aberto. Ainda mais difícil quando ele está comendo e não quer ser perturbado. O reprodutor continuou a fugir dela, perambulando entre os outros. O vento fustigava o rosto de Mary e ela foi ficando cada vez mais preocupada. Se ela não o capturasse, ele poderia sangrar até a morte durante a noite.

Após o que pareceu um tempo muito longo, Mary começou a rezar.

— Deus — disse ela — não quero deixar esse cavalo morrer. Mas se eu não conseguir levá-lo para o estábulo, é provavelmente o que vai acontecer. Você pode me ajudar?

O reprodutor atravessara todo o campo. De repente, no entanto, ele parou, virou-se, olhou para Mary e depois, calmamente, começou a voltar. Ele passou bem no meio do grupo de cavalos e foi diretamente em direção ao estábulo, como se alguém o estivesse conduzindo, não parando nem sequer para comer um bocado de feno. Enquanto Mary observava sem acreditar, o reprodutor entrou no estábulo, depois se virou e olhou nos olhos dela, como se dissesse: "Você está satisfeita *agora?*"

Mary fechou rapidamente a porta do estábulo e entrou para ajudar, convencida de que Deus responde até mesmo as menores orações.

Seth Beach, de 13 meses de idade, tinha nascido com um buraco entre as câmaras de bombeamento do coração e um exame recente revelara que ele estava ficando maior. Um cateterismo no então Charlotte Memorial Hospital (Carolina do Norte) determinaria o tamanho do buraco e o que fazer a seguir, por isso os preocupados pais de Seth fizeram os preparativos.

— Na noite anterior à intervenção, meu pai foi até o hospital nos visitar — recorda-se Phyliss, mãe de Seth. — Quando ele entrou no estacionamento do hospital, um homem em um carro na vaga ao lado chamou papai perguntando se ele tinha um pouco de água para o seu motor. Papai tinha, e enquanto a despejava dentro do motor, o homem mencionou que estava visitando a esposa.

O pai de Phyliss falou sobre seu neto e sobre a preocupação da família.

— Você é um homem que reza? — perguntou o desconhecido.

— Certamente que sou — respondeu o pai de Phyliss.

— Bem, então — replicou o homem —, quando eu chegar em casa, vou me ajoelhar e rezar pelo seu neto. Espere um milagre.

O pai de Phyliss se virou para pôr a botija de água no chão do banco de trás do seu carro. *Espere um milagre.* Era uma coisa incomum para um desconhecido dizer... Ele olhou à sua volta. O homem — e o carro dele — tinha desaparecido, embora a única saída do estacionamento fosse passando por ele. E nenhum veículo havia passado por ali.

Quando chegou ao quarto do Seth, ele ainda estava considerando o mistério.

— Acho que acabei de conhecer um anjo — ele falou para a filha.

Phyliss pensou que Seth poderia usar todas as orações extras possíveis, fossem de anjos ou de mortais comuns. Porém só no dia seguinte ela percebeu o poder da promessa do desconhecido.

Os médicos de Seth não conseguiram encontrar nenhum vestígio do buraco. Só havia uma válvula estreitada, que desde então não tem causado problema algum a essa saudável criança.

Kristy B., de 10 anos de idade, e suas irmãs estavam voltando de uma visita a parentes, viajando na traseira aberta da caminhonete do padrasto. Kristy tinha medo do padrasto. O temperamento dele era terrível e ela nunca sabia o que ia deixá-lo enfurecido.

A caminhonete movia-se aos solavancos na estrada rural cheia de sulcos. Kristy estava segurando sua jaqueta vermelha nova quando uma súbita rajada de vento atravessou a caminhonete. A jaqueta voou das suas mãos.

— Oh, não! — gritou ela, olhando-a subir no ar.

Seu padrasto parou o carro no acostamento.

— Alguma coisa acabou de voar para fora da caminhonete? — perguntou ele zangado.

Ninguém falou. O coração de Kristy começou a bater com força. Ela vira sua jaqueta voar para dentro dos campos e desaparecer. Estava perdida para sempre.

Seu padrasto parecia já saber.

— Quando chegarmos em casa é melhor você estar com sua jaqueta — disse-lhe ele, e voltou novamente para a estrada.

Só para constar, Kristy e suas irmãs olharam em torno da parte aberta da caminhonete, mas não havia nada para ver. Kristy começou a chorar. Estava com problemas, e seria castigada.

— Por favor, Deus, por favor... — murmurou ela.

Não sabia se aquela era a maneira correta de rezar, mas foi tudo o que conseguiu fazer.

Quando a caminhonete parou em frente à casa, seu padrasto saiu e foi até a parte traseira do carro.

— Kristy, onde está sua jaqueta? — ele perguntou.

Kristy abriu a boca para lhe contar a verdade. Nesse exato momento, sua irmã agarrou o braço dela.

— Olhe! — apontou ela.

No meio do chão da caminhonete, bem visível, estava a jaqueta vermelha.

O que vai, volta... Roberta Eschenbaum, uma fazendeira que mora no subúrbio de Miller, Dakota do Sul, com certeza sabe que isso é verdade. Uma manhã, ela tinha feito uma rápida viagem até o centro de Miller e estava voltando apressada para casa para pôr na mesa a refeição do meio-dia para os homens. Enquanto dirigia, ela também prestava atenção para ver se via seu pai, que morava sozinho e tinha enfisema.

— Ele não dirigia muito, a não ser os 20 quilômetros até nossa fazenda — diz ela —, então eu sempre soube que, se ele precisasse de ajuda na estrada, alguém iria parar.

Mas ainda assim era uma preocupação, e ela sempre rezava pela segurança dele.

Não havia nenhum sinal do carro do pai de Roberta. Em vez disso, bem adiante, ela viu um outro veículo parado no acostamento da estrada e um homem examinando o motor.

— Eu estava com pressa, e embora sempre ajude as pessoas que conheço, esse homem era um desconhecido — diz Roberta.

Ela precisava seguir em frente. Porém algo lhe dizia para parar, e ela assim o fez.

O motorista estava tendo problemas com a bateria, então Roberta dirigiu até uma fazenda da vizinhança, pediu emprestado cabos de reforço de carga, dirigiu de volta e conseguiu que o carro pegasse.

— Isso é maravilhoso. — O motorista lhe agradeceu e pegou a carteira de dinheiro. — Eu poderia...?

— Não é necessário pagamento. — Roberta sorriu, entrando de volta no seu carro. — Retribua esse favor simplesmente ajudando a próxima pessoa que você encontrar parada ao longo da estrada.

— Certamente o farei! — O homem acenava enquanto ela ia embora.

Duas semanas depois, o pai de Roberta telefonou com uma interessante história para contar.

— Eu fui a um leilão a cerca de 80 quilômetros daqui, na direção Sudoeste — e... começou ele.

— Oitenta quilômetros! — Roberta ficou horrorizada. — Papai, você nunca dirige tanto sozinho!

— ... e tive um pneu furado quando voltava para casa.

Agora Roberta estava em pânico. A área que ele descrevia era uma estrada secundária com pouca ou nenhuma chance de alguém passar por perto. E seu pai também não poderia trocar seu próprio pneu, enfraquecido como estava.

— O que aconteceu? — perguntou ela.

— Você não vai acreditar. Um gentil motorista apareceu imediatamente e trocou o pneu. Porém quando eu me ofereci para pagá-lo, ele disse não. Parece que uma mulher no subúrbio de Miller tinha lhe ajudado a recarregar a bateria duas semanas atrás e pediu para ele passar o favor adiante. Ele estava pagando uma dívida com ela.

Roberta sentiu o amor cercando-a como um abraço.

— Acho que Deus sabia que papai iria fazer aquilo e então Ele providenciou um salvamento antes do tempo — diz ela. — O tempo todo eu procuro evidência da Sua presença — e sempre encontro.

Desde muito jovem Margaret Farnaus cantava como soprano no coro da sua igreja.

— Meus preferidos eram os hinos tradicionais como "Abençoada confiança" e "Senhor Jesus, o mais imaculado" — diz ela. — Quando eu cantava, todos os meus sentimentos pareciam jorrar. Definitivamente, essa era a coisa que eu mais gostava de fazer.

Finalmente, Margaret e sua família se mudaram e entraram para uma igreja na qual essas canções raramente eram cantadas. De qualquer maneira, a intenção dela era cantar no coro. Porém, ao longo dos muitos meses seguintes, ela notou que sua voz, que um dia tinha sido cristalina, estava se tornando rouca. Pastilhas e vaporizadores não faziam efeito.

— Eu não conseguia mais alcançar as notas altas — explica ela. — Era uma coisa dolorosa para enfrentar, mas aparentemente meus dias de cantora tinham terminado.

Margaret se tornara amiga de uma mulher, Myrtle, que desenvolveu câncer. Margaret a visitava regularmente no hospital, mesmo depois de Myrtle entrar em coma. No dia do aniversário de Myrtle, Margaret entrou furtivamente no quarto e ficou contemplando sua amiga inconsciente. Agora Myrtle estava ligada a tubos e Margaret sentiu que a vida dela estava indo embora. Se ao menos elas pudessem se comunicar! Ela pôs a mão no braço de Myrtle.

— Deus — rezou ela —, ajude-me a ajudá-la.

Espontaneamente, as reconfortantes palavras do "Deus irá tomar conta de vocês" vieram à mente de Margaret. Ela não cantava aquela canção há anos — não se lembrava mais de toda a letra e sua voz estava terrível agora. Porém, se Myrtle pudesse ouvi-la, talvez as palavras trouxessem conforto. Inclinando-se sobre o leito, Margaret começou a cantar. A princípio com calma, depois com crescente confiança porque... surpresa, ela ouviu sua própria voz tão alta e doce quanto tinha sido há muito tempo.

Como poderia ser? Margaret não sabia, mas, ainda cantando, ela se sentou perto de Myrtle e segurou a mão dela. Depois, começou um outro hino predileto: "Que amigo nós temos em Jesus." Percebeu que estava se lembrando de *todos* os versos, sem hesitar ou titubear. Seu coração se elevou com alegria. Ela continuou a cantar.

Durante toda a tarde, com apenas uma única mulher como platéia, Margaret fez um concerto muito especial. Pelo menos 40 dos seus hinos preferidos, com todas as palavras, de todos os versos, vieram à sua mente, e ela cantou cada um deles. E a sua voz! Estava tão clara quanto um cristal, mais pura e encantadora do que nunca antes. Uma pessoa desconhecida olhando para dentro do quarto poderia ter visto uma paciente impassível e adormecida, mas Margaret sentia que *estava* fazendo contato, que de alguma maneira Myrtle sabia que não estava sozinha, que uma amiga lhe tinha trazido um presente especial para seu último aniversário.

Muitas horas depois, Margaret ainda estava cantando quando um dos aparelhos na cabeceira de Myrtle zumbiu. Myrtle respirou mais uma vez, depois relaxou. Enfermeiras chegaram correndo, mas não havia nada a ser feito.

Margaret deixou o hospital triste, mas também estranhamente exaltada.

— Sentia como se tivesse experimentado alguma ligação com o céu — diz ela.

E também havia o prodígio da sua recuperação vocal para ser considerado.

Porém, quando Margaret tentou cantar em casa, percebeu que sua voz tinha voltado ao anterior estado de rouquidão. E ela também não conseguia se lembrar dos títulos, muito menos das letras, até mesmo de algumas poucas das canções que tinha cantado tão sem esforço nesse dia abençoado.

Finalmente, Margaret foi a um especialista e descobriu que tinha a síndrome de Sjögren, uma disfunção do sistema imunológico que retira a umidade do corpo deixando os olhos e a boca secos e a garganta rouca. Havia tratamentos que Margaret poderia fazer, mas nenhuma cura. A condição também não melhorou espontaneamente. Não havia qualquer maneira de a voz de Margaret poder reverter à sua perfeição do passado, nem mesmo temporariamente. Absolutamente nenhuma maneira..

... a menos que os anfitriões celestiais estivessem ocupados naquele dia e tivessem insistido para que um anjo terreno fizesse o serviço de enviar uma alma para o Paraíso — nas asas da canção.

O Homem Milagroso

Visão é a arte de ver coisas invisíveis.

— JONATHAN SWIFT,
"THOUGHTS ON VARIOUS SUBJECTS"

Mickey Robinson cresceu no subúrbio de Cleveland, nos anos 50, em um típico lar de classe média.

— Nós íamos à igreja e eu tinha um "conhecimento racional" de Deus — diz Mickey —, mas não me lembro de conhecer alguém que tivesse um relacionamento pessoal com Jesus. Eu não sabia que isso era importante.

Mickey tornou-se um rapaz bonito e talentoso, com muitos amigos. Aos 18 anos, abriu seu caminho conseguindo um importante emprego em uma corretora de valores, que prometia uma carreira na qual ele poderia perseguir os prazeres à sua escolha. Gradualmente, ele se tornou um viciado em pára-quedismo.

— A única coisa que importava na vida era saltar de aviões — recorda-se ele. — Nenhuma soma de dinheiro ou de tempo era demasiada para gastar nisso, e logo me tornei um profissional. Se alguém me dissesse que eu tinha um ídolo ou que o pára-quedismo era meu deus, eu o teria considerado maluco. Mas seu deus é o que for mais caro a você, e embora eu tivesse uma namorada e estivesse planejando me casar, estava 100 por cento comprometido com o pára-quedismo.

O Homem Milagroso

Mickey parecia ter a vida perfeita — de dia, um jovem empresário bem-sucedido; de noite, uma criança rebelde dos anos 60, experimentando drogas e álcool, e aparentemente, gostando de tudo isso. Ninguém adivinhava que bem lá no fundo ele combatia sentimentos de indignidade e medo, emoções que o tinham atormentado a vida toda.

— Eu achava que estava em pleno controle — diz ele —, contudo ansiava constantemente por amor, aceitação e paz.

Em uma noite quente de verão, em agosto de 1968, Mickey reuniu quatro amigos para saltarem de pára-quedas. Ele e os outros subiram a bordo de um novíssimo Piper Cherokee, com a adrenalina já fluindo. O avião decolou e elevou-se no ar em um ângulo íngreme incomum. Então, subitamente, silêncio! Horrorizado, Mickey percebeu que o motor do avião tinha falhado.

— É isso! — gritou o piloto. — Vamos cair!

Mergulhando a 320 quilômetros por hora, o avião rodopiou, deu um salto mortal e bateu com força no chão. Mickey caiu para a frente, batendo com o rosto. A gasolina se espalhou por todos os lados e as chamas irromperam.

Atingidos pelo pânico, os outros rastejaram para fora dos destroços. Mickey não conseguiu acompanhá-los — sua perna estava presa em um buraco no lugar onde a asa tinha estado e ele estava ardendo, da cabeça aos pés. O quarto pára-quedista olhou para trás, viu Mickey e o piloto, que estava amarrado em seu assento, e voltou correndo para dentro da aeronave em chamas. As primeiras tentativas para libertar Mickey foram em vão, mas ele continuou tentando.

— Finalmente, ele me arrastou para fora, atirou-me no chão e ficou me rolando de um lado para o outro para apagar o fogo — diz Mickey. — Mas o fogo continuava a se alastrar novamente. Quando o pessoal do salvamento chegou, esperava encontrar um homem morto.

Mickey teve queimaduras de terceiro grau em mais de um terço do corpo, e os médicos acreditavam que ele não tinha qualquer chance de sobreviver, devido às complicações que com toda a certeza ocorreriam. Parecia que estavam certos, porque, durante as traumáticas semanas seguintes, o peso de Mickey diminuiu de musculosos 76 quilos para frágeis 41. Seus ossos estavam expostos através de feridas abertas; úlceras e sangramento interno se desenvolveram. Parte do seu esôfago estava tão cheia de cicatrizes que ele nem sequer podia beber água. Estava cego do olho direito e uma das mãos provavelmente precisaria ser amputada. Sua temperatura elevou-se para 40 graus, os nervos de ambas as pernas estavam mortos e seus pés ficaram enroscados como garras. Todos os dias, só para trocar suas ataduras, levavam duas horas. A noiva dele o abandonou, e um dos especialistas anotou em sua tabela: "Não há nada que eu tenha para oferecer a esse jovem."

A consciência de Mickey ia e voltava, mas ele — um super-herói — estava ciente de que tinha sido reduzido à completa impotência. Desesperado e solitário, começou a chamar por Deus.

— Desculpe-me, — sussurrava repetidamente, mal se lembrando de como rezar. — Por favor, perdoe-me. Por favor, dê-me uma outra oportunidade.

Uma noite, Mickey sentiu seu corpo paralisando. Seria isso o que se sente ao morrer? Subitamente, seu quarto do hospital desapareceu e ele vivenciou:

— Meu homem interior saindo de meu corpo físico. Imediatamente, tornei-me consciente de que o mundo espiritual é o verdadeiro mundo. Também tive uma percepção da eternidade, uma total ausência de tempo — ninguém precisou explicar isso para mim, eu simplesmente soube que sabia o que sabia. Eu estava viajando para algum lugar e não tinha controle algum sobre isso. Foi espantoso!

Atraído para um reino espiritual intensamente espetacular, Mickey estava assombrado quando se aproximou de uma porta com um raio da mais pura luz branca brilhando através dela, vindo do outro lado. A luz emanava de Deus, e ele sabia que a fonte daquela luz era a Fonte de *toda* a vida.

Depois, enquanto Mickey observava horrorizado, a porta começou a se fechar!

— Uma grande escuridão começou a me cercar e o significado ficou claro — se aquela porta se fechasse completamente, eu estaria desligado dessa Luz para sempre.

Não!

— Deus, eu quero viver! — À beira da eternidade, com a escuridão quase completa, Mickey gritou: — Desculpe-me. *Por favor*, dê-me uma outra oportunidade!

Instantaneamente, a glória de Deus o ofuscou.

— Como ouro líquido, estava por toda parte — sobre mim, embaixo de mim, ao meu redor, vibrando através de mim. Senti toda a autoridade de Deus, todo o Seu poder e o Seu amor. Agora eu sabia que nunca morreria, que sempre seria consolado e cuidado.

Então, à sua frente, quase como se estivesse assistindo em uma grande tela de TV, Mickey viu imagens.

— Passavam dias, semanas, anos, tudo junto — não apenas um único dia aqui e ali. Eu me vi vendo pessoas que nunca conheci, como se realmente as conhecesse. Vi lugares onde nunca estive... Eu me vi fazendo algumas coisas estúpidas, coisas que não deveria ter feito.

Havia uma linda mulher loura, a quem ele não conhecia. Ele se viu caminhando com ela por uma pastagem. Também havia pessoas familiares, amigos do ambiente das drogas, ainda se destruindo.

— Os rostos deles eram horríveis, e eu percebi que estava vendo o futuro deles.

A visão terminou e o Senhor disse a Mickey que ele estava voltando para a Terra.

— Ele não falou em uma linguagem como a que estou usando agora — explica Mickey. — O conhecimento e a percepção simplesmente vinham até mim. Eu disse: "Não, não quero partir", mas quando Deus diz alguma coisa, adivinhe o que acontece?

Embora sua família e os médicos continuassem sua preocupada vigília, Mickey sabia que sua experiência de quase-morte tinha sido um momento decisivo. Ele continuou a pensar sobre a importância disso enquanto, durante os muitos anos seguintes, se submetia a mais de 75 operações. Um transplante de córnea, que poderia não ter sido bem-sucedido, devolveu-lhe a visão após cinco anos de cegueira em um dos olhos. A cirurgia plástica restaurou um pouco do seu rosto e a terapia física o ajudou a recuperar o movimento. Sua perna esquerda, em um suporte e completamente insensível, de repente começou a funcionar de novo. Ele conheceu uma linda moça loura, que parecia vagamente familiar, e após se casarem e se mudarem para o primeiro lar deles — em uma fazenda —, Mickey percebeu onde a tinha visto antes...

No entanto, muito mais importante foi a transformação interior de Mickey. Deus tinha tirado todas as coisas que eram importantes para ele — sua destreza física, seus amigos, sua auto-imagem — e o colocado em situações nas quais a força de Deus era o único poder disponível. Gradualmente, Mickey viu que, por si só, não poderia fazer nada. Porém, com Deus, seu futuro era ilimitado.

O Homem Milagroso

Hoje, Mickey Robinson é diretor da Associação de Ministros Cristãos Proféticos e mora com sua esposa e os quatro filhos em Jackson, Mississippi. Ele consegue correr, esquiar na nave, cavalgar e, sim, até mesmo ser pára-quedista. E sua atividade de fazer palestras o leva a todas as partes do mundo. Ele compartilha a realidade do poder de Deus em transformar, sendo ele próprio o principal exemplo. Ele acredita que as experiências de quase-morte e até mesmo os milagres não vão modificar o coração de uma pessoa. Somente o ato de se render à vontade de Deus pode fazer isso. Não é fácil. Mas Mickey se empenha novamente a cada dia.

— Deus olhou para baixo quando eu estava naquela escuridão e disse: "Como você gostaria de fazer um trato? Você troca sua vida e Eu lhe darei a Minha" — diz Mickey. — Acho que consegui o melhor final para aquilo.[9]

Aqueles que Esperam pelo Senhor

Deus não tem favoritos. Ele abençoa a todos igualmente, mas escolhe cada um para um trabalho diferente.

— JOSEPH GIRZONE, *JOSHUA*

Quando Keith e Karen Parker se casaram em 1979, o futuro deles parecia brilhante. Karen tinha um emprego bastante satisfatório como analista de sistemas. Keith era um oficial aviador naval voando em seu avião preferido, o caça a jato F-14. Keith amava a Marinha. Se tudo corresse bem, ele seria navegador durante 20 anos, se reformaria aos 42 anos, com uma pensão, e depois começaria outra carreira. No meio-tempo, haveria uma linda casa e filhos...

— Tínhamos tudo planejado — explica Karen.

Porém as coisas não saíram de acordo com a programação. Em 1986, a Marinha enviou Keith para seu mestrado em engenharia aeronáutica e o casal alugou uma bonita cabana de frente para o oceano Pacífico, em Monterey, na Califórnia. Mas nenhum bebê chegou para preencher os quartos vazios. Cada vez mais preocupada, Karen consultou um médico a respeito da sua infertilidade. Ele a pôs em observação e tratamento com medicamentos. Nada aconteceu.

Após a graduação de Keith, o casal passou por outro desapontamento. Não havia vaga aberta para ele em qualquer dos esquadrões navais do F-14. *Havia* um trabalho no Centro de Testes Navais Aéreos em Lexington Park, Maryland, para voar em um veículo de baixa potência fora dos navios de guerra. Keith aceitou, embora isso representasse três anos, antes que ele pudesse ter outra oportunidade de voar no seu amado F-14. Karen não ficou entusiasmada. Ela esperava uma transferência.

— Mas a área era uma comunidade rural — nem sequer tinha um centro comercial —, e detestei deixar meu emprego e tantos bons amigos — diz ela.

Mais tarde, no entanto, ela percebeu que havia uma grande vantagem em relação a Lexington Park, Maryland. Ficava a apenas duas horas de carro de Bethesda, onde a clínica de infertilidade da própria Marinha está localizada.

O pessoal da mudança mal havia descarregado os bens dos Parker quando Karen marcou uma consulta com um dos melhores médicos de infertilidade em Bethesda.

— Passei por todos os exames de rotina para que o diagnóstico pudesse ser feito — diz ela. — Fiz duas viagens por mês durante quase dois anos.

Nada estava funcionando, mas ela *estava* obtendo o melhor tratamento que qualquer paciente poderia ter — e porque seu marido estava na Marinha, ela desfrutava de tudo sem nenhuma despesa para eles.

— Nós não éramos do tipo de ir à igreja, e nossa fé não era muito forte nesses anos — diz Karen. — Minha infertilidade era difícil de entender, tínhamos ouvido falar de abortos, abuso de crianças, recém-nascidos sendo jogados fora em latas de lixo, sendo deixados para morrerem... Acho que nunca vou entender isso. Mas eu não culpava Deus. Comecei a rezar por um bebê e pedi a outras pessoas que também rezassem.

Neste ínterim, Keith estava dando ao seu trabalho em Lexington Park seus habituais 110 por cento. Mas Karen sabia que ele ansiava retornar para o F-14.

Por que milagres acontecem

Era difícil ter esperança em deixar Maryland e a clínica — se o fizessem, suas chances de maternidade diminuiriam dramaticamente. Mas ambos aguardavam com ansiedade a próxima transferência de Keith.

Porém, quando as ordens finalmente chegaram, os Parker receberam um outro golpe. Devido a restrições orçamentárias e à diminuição de todos os esquadrões de F-14, Keith seria dispensado da Marinha no final de janeiro de 1991.

— Foi como um soco no estômago — recorda-se Karen. — A Marinha tinha gastado mais de um milhão e meio de dólares no treinamento de Keith, mais seu grau de mestrado, e agora não precisava mais dele?

Keith ficou angustiado. Deixar a Marinha... todos os seus planos, os seus sonhos... ele jamais imaginara que isso acontecesse. Mas ele se reanimou e começou a procurar emprego.

— Já que nossas famílias moravam no Texas, lá concentrei minha procura — diz ele. — Uma vez que *tínhamos* que nos mudar, poderíamos muito bem ficar perto delas.

Agora, tornarem-se pais parecia impossível. Mas Karen continuou a fazer consultas na clínica.

No final de novembro de 1990, enquanto Keith estava procurando emprego no Texas, Karen deu uma olhada no seu calendário. Humm. Ela saiu do escritório, comprou um teste de gravidez caseiro, voltou e foi ao banheiro feminino. Tênue, muito tênue... Seria *positivo*?

— Dana! — Karen correu até uma colega do escritório. — Olhe!

Dana também ficou excitada.

— Mas só para ter certeza, por que você não compra um outro teste para amanhã de manhã? — ela sugeriu.

No caminho de casa, Karen comprou um teste duplo. (O farmacêutico, que lhe vendera anteriormente um teste simples, pareceu ficar muito confuso.) No dia seguinte, um exame em Bethesda confirmou o que Karen já sabia: suas orações tinham sido atendidas.

Grávida. Ela achou que iria explodir de alegria. E Keith! Ela não o tinha visto tão feliz desde antes da sua transferência. Logo ele encontrou um emprego em uma companhia em Fort Worth. O casal comprou uma casa e, feliz, mudou-se para o Texas. A gravidez de Karen foi tranquila e um dos maiores benefícios adicionais foi reunir-se novamente ao seu amado pai.

— Ele morava a poucos quilômetros de distância — nós sempre tínhamos sido muito íntimos e combinamos de sair para passear todos os dias — ela comentou.

Os planos dos Parkers haviam mudado de direção, mas tudo entrara nos trilhos novamente.

Katelynn Leigh nasceu no dia 13 de agosto de 1991.

— O dia mais feliz e mais terrível da minha vida — diz Karen.

Feliz porque, finalmente, a filha tão esperada estava ali. Terrível porque, após Katelynn ter passado pelo exame de sangue obrigatório para verificação de uma variedade de problemas de saúde, a pediatra entrou no quarto como uma fisionomia muito séria.

— Há um problema com o bebê — disse-lhes ela. — O exame deu resultado positivo para HSRC — Hiperplasia Supra-renal Congênita. Eu gostaria de levá-la amanhã para o Centro Médico Infantil Cook-Fort Worth para ver um endocrinologista.

Chocados, Karen e Keith escutaram apenas parte das palavras da médica. Eles nunca tinham ouvido falar em HSRC, mas parecia ser sério. Após todos os exames, toda a oração e todo o planejamento, a gravidez milagrosa — agora uma filha não totalmente perfeita! Isso foi um outro revés inesperado.

Durante os 12 dias seguintes, que o bebê passou no hospital Cook-Fort Worth, enquanto os médicos trabalhavam para manter a HSRC de Katelynn sob controle, Karen e Keith aprenderam sobre essa rara doença genética.

— Em palavras simples, as glândulas supra-renais não funcionam adequadamente — explica Karen.

— As glândulas supra-renais controlam os hormônios e um dos hormônios controla os fluidos corporais. Bebês com HSRC não têm esse hormônio, então seus corpos podem desidratar em questão de dias.

De modo característico, dano permanente é causado aos rins, ao coração e ao cérebro dos recém-nascidos — na verdade, eles podem até morrer —, antes que se saiba que alguma coisa está errada com eles. Outros efeitos colaterais também podem acontecer.

Depois os Parker souberam de uma outra coisa. O Texas é um dos dois únicos estados nos quais o exame de HSRC faz parte da verificação da saúde do recém-nascido.

— Se Katelynn tivesse nascido em quase todos os outros lugares do país — diz Karen — provavelmente teria morrido.

Hoje, Katelynn é uma criança feliz e ativa de quatro anos. Ela anda de patins, dança, gosta de brincar de esconde-esconde e toma remédios — exatamente como muitas outras crianças normais. Contudo, seus pais acreditam que ela, e as condições que cercam sua existência, não são nada menos do que um milagre do senso de oportunidade perfeito de Deus.

Porque, embora Keith e Karen tenham considerado seus contratempos como negativos, essas coisas, quando vistas com a visão espiritual, eram realmente positivas.

Aqueles que Esperam pelo Senhor

— Precisou Keith ser enviado para um trabalho naval totalmente diferente para nós conhecermos a clínica de infertilidade — explica Karen. — Precisou Keith ser dispensado da Marinha para nós voltarmos para o Texas, onde o bebê teria a ajuda médica imediata de que necessitava. E nós não perdemos totalmente o vínculo com a Marinha — Keith é um capitão-de-corveta da Reserva.

Houve até mesmo algo de consolador na ocasião da súbita morte do pai de Karen, logo após o primeiro aniversário de Katelynn. Porque, se os Parker não tivessem se mudado para Fort Worth, percebeu Karen, seu pai nunca poderia ter-lhe dado o apoio que ela precisava, nem ver sua neta se desenvolver.

— Katelynn é o raio de sol das nossas vidas — diz Karen hoje. — Por causa dela eu me tornei uma cristã mais fortalecida. Sei que ela precisa de mais do que eu posso lhe ensinar. Agora nós gostamos de ir à igreja e de louvar o Senhor. E eu me pergunto se todos esses acontecimentos não tiveram a intenção de me empurrar em direção a Ele.

Às vezes, é difícil entendermos os planos de Deus, porque nós mesmos, com muita freqüência, interferimos. Mas aqueles que "esperam pelo Senhor" realmente aprendem uma verdade eterna. O senso de oportunidade Dele é sempre perfeito. Ele nunca se atrasa.

Milagre na Fonte

Oh, nós estamos em solo sagrado,
E eu sei que há anjos por todos os lados...
— HINO "NÓS ESTAMOS EM SOLO SAGRADO"

Durante a Depressão, Robbie e Tom Douglas, pais de duas filhas pequenas, moravam em uma casa de dois quartos atrás da fazenda do pai de Robbie. Como muitas outras, a pequenina comunidade de Daysville, no Tennessee, estava atravessando momentos difíceis. Tom trabalhava em obras e se sentia afortunado por ter um emprego, embora todos os dias precisasse andar oito quilômetros morro acima até o local da construção de uma estrada e depois, à noite, descer novamente.

— Nós conseguíamos ir levando — recorda-se Robbie —, porém a parte mais difícil era não termos água em nossa casa.

Para tomar banho, havia um riacho nas redondezas. Mas para conseguirem o que precisavam para beber e cozinhar, um deles precisava andar 270 metros subindo uma colina e atravessar um portão para chegar a uma fonte em uma pastagem. Lá, encheria e carregaria dois baldes de dois galões e meio de volta até sua pequena habitação. Nem sempre o primeiro carregamento era suficiente para um dia de uso, então, em geral, um dos dois precisava fazer a viagem novamente.

Milagre na Fonte

— Levava muito tempo, e era muito cansativo, especialmente porque se Tom ou eu estávamos sozinhos, precisávamos levar nossas filhas pequenas de um lado para o outro — explica Robbie.

Porém, com freqüência, ela agradecia a Deus pelo que eles tinham — afinal, Ele lhes proporcionara emprego e abrigo, não importa quão modesto, quando muitas pessoas não tinham absolutamente nada. Então, embora ela não rezasse especificamente com relação aos seus infortúnios sobre a água, "Eu sabia que Deus compreendia que esta situação era muito difícil para nós".

Um sábado, Robbie levou as filhas para visitarem a fazenda enquanto Tom trabalhava na horta. Escutando um ruído, ele ergueu os olhos e viu um homem alto parado no quintal da frente. O desconhecido usava calças pretas e a camisa mais branca que Tom já vira.

— Bom dia — disse o homem através das plantas. — Estou com muita sede. Você poderia me dar um copo de água?

Tom levantou-se lentamente, pensando no seu precioso suprimento. Compartilhá-lo iria requerer, mais tarde, uma outra viagem exaustiva até a fonte. Mas o desconhecido parecia suado e cansado.

— Você gostaria de comer alguma coisa também? — perguntou Tom.

— Só a água — respondeu o desconhecido.

Tom entrou em casa e foi até o recipiente. Então, percebeu que aquela água deveria estar velha, boa o suficiente para lavagem mas não para um convidado com sede. Ele voltou até a varanda e disse:

— Senhor, por favor, sente-se aqui e descanse. Vou buscar um pouco de água fresca para você.

O desconhecido sorriu.

— Eu vou gostar disso.

Tom pegou um balde, subiu a colina, voltou logo depois com sua preciosa carga e encheu um copo grande. O homem bebeu sofregamente.

— Essa água é maravilhosa — disse ele —, mas é muito ruim que você precise ir tão longe para consegui-la.

Tom serviu-lhe um outro copo.

— É difícil, mas nós temos tantas outras bênçãos.

O desconhecido sorriu e partiu alguns minutos depois. Tom o observou descendo a rodovia em direção a Daysville. Ele começou a pensar a respeito do homem. Como ele tinha aparecido tão silenciosamente no quintal? E *por quê*? Aquela era uma área isolada; poucas pessoas se detinham ali por perto. E o que seria responsável por essa incomum sensação de paz, uma sensação que Tom percebeu que descera sobre ele assim que vira o desconhecido?

Logo Robbie e as meninas voltaram para casa, e Tom, ainda intrigado, decidiu ir ao armazém de Daysville. Com certeza o desconhecido teria parado lá; talvez ainda estivesse conversando com os homens que ficam por ali jogando conversa fora e trocando informações sobre possíveis empregos. Porém, quando Tom chegou a seu destino, teve uma surpresa no armazém.

— Que homem? — Seus amigos pareciam confusos. A cidade era tão pequena que um desconhecido *não poderia* passar despercebido. Mas ninguém o tinha visto.

— Há muito tempo você é a única pessoa que desceu por aquela estrada, Tom — insistiram todos eles. Tom teve certeza de que eles estavam certos.

Cerca de duas semanas depois, Daysville foi alvo de uma forte chuva e a água começou a brotar para fora do solo em um local a aproximadamente 10 metros da casa de Tom. Depois de o solo ter secado, no entanto, o pequeno filete de água permaneceu. Intrigado, durante muitos dias seguintes, Tom andava de um lado para o outro olhando o local úmido. Finalmente, ele pegou a pá.

— Vou descobrir o que está acontecendo lá — falou para Robbie.

Ele mal tinha ultrapassado a superfície quando a água fluiu, borbulhando, vinda de uma fonte invisível.

— Robbie, venha rápido! — chamou Tom. Ele havia encontrado uma nova nascente — bem no lugar onde o desconhecido tinha estado.

— Foi o fim das nossas longas viagens até a pastagem, porque a fonte era uma das melhores da redondeza — diz Robbie. — Nunca secou e permaneceu durante todo o tempo em que moramos naquela casa.

No entanto, um breve período após os Douglas se mudarem, uma outra forte chuva caiu e a fonte desapareceu tão espontaneamente quanto tinha surgido.

Robbie e Tom nunca duvidaram da Fonte daquela nascente. Eles tinham dado um copo de água em Seu nome, e foram abençoados abundantemente em retribuição.

Finalmente Juntos

A morte não é solitária... Aqueles que morreram antes de nós, ou alguns seres espirituais, serão companheiros em nossa viagem.

— MAGGIE CALLANAN, *FINAL GIFTS*

Para todas as pessoas que o conheceram, Michael J. Caldwell, de Pleasant Hills, na Califórnia, era um homem especial. Ele era doente, entrou e saiu de hospitais a maior parte da sua vida adulta, mas seus problemas de saúde nunca o deixavam deprimido. Ele se recuperava, se deleitava com sua família, com seu trabalho e com o serviço comunitário com um prazer que causava inveja.

A única vez em que sua filha, Kathleen, tinha visto Michael se lamentar foi quando Frank, seu irmão mais novo, morrera de repente em 1977.

— Papai tinha crescido perto de Nova York, em uma área chamada Indian Harbor, mas ele nunca falava muito a respeito da sua infância, e eu fiquei com a idéia de que foi uma infância difícil — diz ela. — Mas eu sabia que ele e tio Frank eram muito íntimos. A visão de papai sentado em sua cadeira de balanço chorando por causa da morte do irmão eu nunca vou esquecer.

Como sua filha mais nova, Kathleen era especialmente chegada ao pai. Foi por isso que quando ele lhe telefonou, no dia 3 de dezembro de 1991, e pediu que ela o levasse para fazer as compras de Natal, ela soube que alguma coisa estava acontecendo.

— Por causa das suas enfermidades, ele não dirigia mais — explica Kathleen.

Porém, como muitos homens, Michael nunca fez compras para qualquer que fosse a festividade com antecedência.

— Papai — provocou-o Kathleen de brincadeira —, você não está um pouco adiantado? Afinal, você ainda tem quase três semanas!

A resposta de Michael foi significativa.

— Não, eu não tenho — disse ele lentamente. — Preciso fazer isso agora.

No dia seguinte, eles foram às compras. Michael escolheu um presente especialmente bonito para a esposa, e insistiu para que Kathleen também escolhesse algo especial para ela. Poucas noites após a excursão, ele chamou toda a família para ir à sua casa.

— Foi muito comovente — recorda-se Kathleen. — Ele levou cada um de nós para um canto e nos falou sobre alguma coisa que ele gostava especialmente em nós. Meu pai estava impaciente porque não tinha conseguido um toca-fitas para continuar seu trabalho. — Eu lhe arranjei um, e quando chegou a hora de ir embora, ele me acompanhou até o lado de fora e ficou acenando para mim até eu passar com o carro para o outro lado da colina. Ele nunca tinha feito isso antes.

Naquela noite, Michael ficou acordado até tarde, gravando a história da sua vida para seu neto de três anos, Andrew.

Portanto, quase não foi surpresa quando, no dia seguinte, Kathleen recebeu um telefonema dizendo que seu pai tinha sido encontrado em coma em casa. Perto dele, uma lista de coisas para fazer com quase todos os itens confirmados. Agora ele estava no hospital e a família reunida à cabeceira de sua cama.

Entretanto, embora a condição de Michael fosse séria, ele se restabeleceu e recobrou a consciência. Muitos membros da família pensaram que ele iria voltar para casa, como sempre ocorrera anteriormente, após acessos como esse. A mãe de Kathleen até mesmo alugou uma cama hospitalar e outros materiais necessários. Mas Kathleen tinha uma sensação estranha.

— Naquela noite, fui dormir na casa de minha mãe — recorda-se ela. — Usei o acolchoado de papai na cama — queria me sentir o mais próxima possível dele.

Finalmente ela adormeceu e sonhou.

No sonho, dois garotinhos estavam brincando à beira de uma grande extensão de água. O mais novo começou a correr e por cima do ombro chamava o menino que estava atrás dele.

— Mikey! — gritava ele. — Depressa! Venha me pegar!

O menino mais velho corria cada vez mais rápido, tentando alcançar o mais novo.

— Frankie, espere! — ele falou.

Mikey... Frankie. De repente, dentro do sonho, Kathleen soube que os meninos eram seu tio Frank e seu pai. Eles eram os únicos que sempre tinham usado aqueles apelidos um com o outro.

Parecia que Mikey não alcançaria Frankie.

— Espere! — gritou ele novamente.

E então, de algum modo, os dois estavam juntos. De mãos dadas, correram alegremente ao lado de uma enorme casa em uma colina. Kathleen nunca tinha visto a casa antes. Era alta, cercada por um muro de pedra de frente para a água. Os meninos corriam em frente à casa, rindo e gritando. Eles desapareceram e Kathleen acordou.

— Então eu soube — diz ela — que meu pai, dessa vez, não iria se restabelecer. Tio Frank tinha vindo buscá-lo, e papai iria ficar com seu irmão no céu.

Michael ficou consciente por mais um dia, sorridente e tranqüilo, ainda dizendo a todos o quanto ele os amava. Estava feliz e, contudo, distraído, como se parte dele já tivesse deixado os vínculos com a Terra. Naquela noite, ele morreu.

No ano seguinte, Kathleen sentiu um insistente impulso de ir para o Leste e remontar às origens das raízes do pai. Com certeza, seus primos de lá saberiam mais sobre a casa "Indian Harbor", como seu pai a chamava. Em dezembro de 1992, ela finalmente fez a viagem. Seu grande clã irlandês ficou feliz em vê-la, e depois de algum tempo ela mencionou o assunto a um primo.

— Quero ver o lugar onde papai cresceu — disse ela.

— Então você o verá — prometeu ele.

No dia seguinte, eles foram para Greenwich, Connecticut, até um local em Long Island Sound.

— Isto é Indian Harbor — explicou o seu primo.

— Mas, onde...? — Kathleen olhou para além da água azul e seu coração pareceu parar. Lá estava a casa, exatamente a casa que ela tinha visto no sonho! Enorme, de frente para a água...

— Não é mais uma residência — estava dizendo seu primo, apontando. — Mas aquele é o local onde seu pai viveu.

Kathleen se lembrou do alto muro de pedra, do grande quintal ao lado, onde os dois garotinhos tinham corrido. Tudo era exatamente como ela havia visto no sonho. Mas ela jamais estivera lá antes. Nem sabia da existência dessa casa, ou sequer vira uma foto dela.

Por que milagres acontecem

— Sinto que através de meu sonho meu pai e meu tio me enviaram uma mensagem do céu de que eles estão juntos e felizes — diz ela hoje. — Na verdade eles ainda estão enviando mensagens. Meu sobrinho pequeno, Andrew, sonha o tempo todo com o vovô, embora seja realmente jovem demais para se lembrar dele. E alguns dos meus primos também têm tido visões dos dois homens.

Certa vez Kathleen sonhou que estava na igreja. No altar, estava seu pai, radiante e totalmente paramentado, erguendo um cálice, o símbolo da vida.

— Meu pai nunca irá embora enquanto nos lembrarmos dele — diz ela. — E acredito que ele continuará a aparecer em momentos especiais para nos trazer conforto e para nos fazer saber que ainda está por perto.

Guardiões na Selva

Oh Batizados, quer vocês pensem ou não em nós, estamos com vocês,
Do modo inflexível e definitivo decidido por Deus:
Sempre, sempre.
Nunca distraídos, nunca tirando férias.

— LUIGI SANTUCCI, CAIN'S ANGEL

As histórias sobre visões de anjos em tempos de guerra são abundantes. Segundo se alega, George Washington viu um anjo em Valley Forge. Um acontecimento freqüentemente citado da Primeira Guerra Mundial envolvia os Anjos de Mons e a Cavalaria Branca, seres vestidos de branco que cavalgaram entre as tropas britânicas e detiveram o avanço dos exércitos alemães. Após a Guerra dos Seis Dias, em Israel, circulou uma história sobre um comboio de jipes carregando soldados israelenses que foi desviado para uma estrada lateral por dois homens que ninguém viu, exceto aqueles que estavam no veículo que liderava. Quando as tropas voltaram para examinar a estrada principal, descobriram que ela estava fortemente minada.

Os anjos também estiveram ativos no Vietnã? Quang Nguyen tem certeza que sim.

Em 1947, quando Quang era um adolescente, seu tio se ofereceu para mandar Quang e seu próprio filho para Paris para que eles estudassem e se transformassem em operadores de radiotelegrafia. Então, Quang deixou sua rica família no Vietnã do Norte e juntou-se aos seus parentes em Saigon. Enquanto esperava para ir para Paris, Quang freqüentou uma escola dirigida por adventistas do Sétimo Dia. Ele aprendeu inglês, freqüentou um curso sobre a Bíblia e, finalmente, converteu-se a essa fé.

Entretanto, quando o tio de Quang ouviu falar da sua conversão, ficou furioso e botou o sobrinho para fora de casa. Nessa época, a guerra civil tinha irrompido no Vietnã do Norte, portanto Quang não podia voltar para casa. Os adventistas o acolheram, deixaram que ele dormisse no chão de uma sala de aula e lhe deram trabalho para fazer.

— Era uma mudança grande demais para um rapaz educado no luxo — diz Quang —, mas decidi que se Jesus, o Filho de Deus, não tinha se importado de fazer trabalho manual, por que eu deveria?

As pessoas da Igreja foram muito boas para Quang e ele economizou dinheiro suficiente para ir para Singapura e depois para Bangkok, onde se tornou técnico de laboratório. Finalmente, ele ganhou uma bolsa de estudos para estudar medicina nos Estados Unidos.

Porém, naquele momento, a Igreja Adventista em Saigon tinha pedido a Quang para ajudar a montar um hospital lá.

— Eles tinham sido tão gentis comigo que eu não podia recusar — explica Quang.

Ele trabalhou com os médicos e aprendeu muito — porém, no momento em que sentiu que poderia partir para os Estados Unidos, o governo vietnamita não lhe deu o visto. Em vez disso, Quang tornou-se o administrador do hospital.

Durante esses anos, a longa guerra civil do Vietnã infligira um grande dano ao país. Agora, os Estados Unidos tinham aumentado seu envolvimento, não mais agindo simplesmente como consultores, mas também enviando tropas. A luta se intensificou.

A cerca de 160 quilômetros ao norte do hospital de Quang em Saigon ficava uma cidade de veraneio chamada Da Lat. Do outro lado da cidade, entrando pelas montanhas, viviam algumas tribos primitivas que só falavam seu próprio dialeto e não usavam nada além de tangas. Alguns tinham entrado em contato com os adventistas do Sétimo Dia em Da Lat e as pessoas da Igreja lhes ensinaram o idioma vietnamita, bem como o Cristianismo. Aqueles nativos converteram outros aldeões a essa nova religião.

Com a escalada da guerra, essas tribos foram duramente atingidas. Soldados comunistas queimaram suas casas, destruíram suas colheitas e mataram e feriram muitas pessoas. De modo trágico, eles estavam efetivamente impedidos de receber ajuda porque o percurso até eles era perigoso demais.

— Os vietcongs mantinham tropas nas selvas para matar quaisquer estrangeiros que localizassem — explica Quang.

Viajar para essa área remota seria loucura.

Porém, quando as pessoas do hospital de Saigon ouviram falar nisso, souberam que alguém precisaria levar ajuda aos aldeões. Quatro se apresentaram como voluntárias — o presidente americano da missão, um médico australiano, uma enfermeira norueguesa e Quang, como intérprete. O pastor vietnamita da Igreja em Da Lat também resolveu juntar-se a eles.

— Ninguém nunca tentou isso — objetou um dos médicos. — Vocês serão mortos.

— Não — respondeu lentamente um dos cinco. — Deus irá enviar proteção para nós.

Os outros concordaram com a cabeça. Todos eles sentiam o mesmo — de algum modo, a viagem era abençoada.

Primeiro eles oraram juntos. Depois, carregaram uma caminhonete com alimentos de primeira necessidade, sementes e grãos para plantação e suprimentos médicos, e se dirigiram para Da Lat. Lá, encontraram um grupo de uns 30 nativos que se deslocaram para ajudar a carregar tudo pelo restante do caminho, já que as trilhas da selva não permitiam a passagem de uma caminhonete.

— Saltamos e caminhamos durante 10 horas pela vastidão das montanhas — recorda-se Quang. — Com certeza, nós cinco sabíamos que estávamos correndo um perigo extremo. Havia pouca dúvida de que estávamos sendo observados pelos vietcongues e esperávamos sermos detidos.

Sabiam que outros missionários haviam se aventurado nessa área e nunca tinham sido vistos novamente. Os vietcongs não eram, de forma alguma, piedosos com aqueles que invadiam seu território.

Chegaram à aldeia em segurança. Entretanto os nativos confirmaram suas suspeitas: uma unidade de cerca de 20 soldados inimigos estava nas redondezas. Fortemente armados, procuram por revólveres ou rádios escondidos, e provavelmente tinham observado a procissão durante todo o tempo na selva. Era apenas uma questão de tempo antes de eles surgirem da moita cerrada e prenderem todo mundo.

Quang e os outros não tinham certeza de que tal coisa aconteceria. Não se sentiram protegidos desde o início da viagem? Não tinham "orado sem cessar", como instruía a Bíblia? Decidiram banhar-se e descansar.

— Andamos até um riacho frio da montanha — diz Quang —, mas enquanto estávamos na água refrescante, os aldeões chegaram correndo e assustados. Atrás deles estavam os soldados vietcongues.

Agressivamente, os vietcongues ordenaram que os missionários saíssem da água e permanecessem sob a mira das armas. Depois, os soldados revistaram seus pertences, procurando equipamento de rádio, munição ou qualquer coisa que pudesse indicar uma ligação com o governo. Não encontraram nada. Frustrado, um dos soldados procurou em volta.

— Onde estão os outros? — perguntou ele.

— Outros? — replicou Quang. — Você se refere aos nativos?

— Eles, não — vociferou o soldado. — As outras pessoas do seu grupo.

— Não há outras pessoas — explicou Quang. — Só nós cinco.

— Cinco, não. Dez! — O soldado estava inflexível, e os homens dele concordaram com a cabeça. — Venham conosco, agora!

O coração de Quang ficou fraco. Estava quase escuro e ele tinha certeza de que todos estavam sendo levados embora para serem assassinados silenciosamente. Mas não havia nada o que fazer, a não ser acompanhá-los.

— Digam ao hospital o que nos aconteceu — ele pediu aos abalados aldeões. Depois, ele e os outros começaram, mais uma vez, a andar.

Finalmente, chegaram a um acampamento pertencente aos vietcongues. Entretanto, em vez de atirarem neles, os soldados lhes deram comida e se sentaram ao redor deles. E a história surgiu.

Como Quang e os outros tinham suspeitado, o inimigo os seguira furtivamente, e aos seus carregadores, durante todo o dia, planejando atirar neles antes que chegassem ao destino. Mas os soldados não tinham atirado por causa dos "outros cinco" — pessoas altas, vestidas de um branco radiante, que caminharam ao lado dos missionários durante toda a viagem. Os soldados haviam ficado fascinados com esses desconhecidos brilhantes e não conseguiram parar de olhar para eles.

— Para onde eles foram? — perguntou um deles, curioso.

Quang sabia. Que outra coisa poderia ser responsável pela estranha sensação de paz, de proteção, que os tinha acompanhado desde o início? Mas como ele poderia explicar anjos para esses homens?

Os missionários terminaram seu trabalho e voltaram para Saigon sem incidentes, para o assombro de todos os que ouviram falar de sua perigosa jornada. Finalmente, Quang se casou com uma americana e agora vive na Flórida. Ninguém nunca encontrou vestígio dos guardiões da selva, mas Quang acredita que eles ainda estão trabalhando.

Triunfo no Céu

Duas coisas enchem minha mente com maravilha e assombro sempre crescentes... os céus estrelados acima de mim e a lei moral dentro de mim.

— IMMANUEL KANT

Dallas Chopping cresceu às voltas com aviões. Quando tinha dois anos de idade, sentava-se no colo do seu pai piloto, usando fones de ouvido e "voando". Enquanto os outros adolescentes economizavam para comprar automóveis, o jovem Dallas comprou um avião. Portanto, quando se tornou capitão aviador sênior de uma companhia de mineração em Casper, Wyoming, ele estava exatamente onde desejava estar.

Na primavera de 1987, Dallas foi designado para uma tarefa incomum. Um dos engenheiros da companhia, Michael Stevermer, e sua esposa, Sandi, tinham um bebê de oito meses precisando de transplante de fígado. O pequeno Benjamin tinha nascido com atresia biliar e já havia passado por diversas cirurgias malsucedidas destinadas a lhe conseguir um "tempo maior" até que um doador de fígado pudesse ser encontrado.

— Existem muito poucos órgãos infantis disponíveis — explica Sandi Stevermer. — Cinqüenta por cento dos bebês morrem enquanto esperam por um transplante.

Por que milagres acontecem

Agora um transplante era a única chance remanescente de vida para Benjamin, e ele estava na lista de espera de hospitais em Omaha e Pittsburgh, locais especializados em transplantes infantis. A Fraternidade Luterana, uma organização fraternal que levanta fundos para transplantes e outras necessidades, realizara vários atos de caridade para cobrir os custos não abrangidos pelo seguro, e as pessoas de Wyoming tinham sido generosas. Tudo estava em seus devidos lugares — exceto a viagem em si. Como os Stevermer moravam em uma área muito remota, era duvidoso que eles pudessem conseguir um vôo comercial imediato para *qualquer* centro médico, especialmente no curto espaço de tempo necessário para a cirurgia se realizar (normalmente sete ou oito horas após um órgão doado tornar-se disponível). E também não se podia contar com o tempo; quando Michael e Sandi tinham levado Benjamin para Denver para uma avaliação, poucos meses antes, eles quase perderam o vôo por causa de uma forte nevada.

— Agora os Stevermer estão usando aparelhos do tipo *pagers*, esperando uma chamada de um dos hospitais — falou o principal diretor da companhia para o departamento de vôo do Dallas —, e, se a chamada chegar, nós o estamos autorizando a usar nosso avião, ou a fazer qualquer outra coisa que seja necessária para levá-los onde precisarem ir.

Raramente Dallas voava para leste do Mississippi. Mas isso não importava; com certeza a cirurgia aconteceria em Omaha, já que era tão mais próxima. Entretanto, mais de seis meses se passaram sem nenhuma solicitação dos Stevermer. Dallas já havia quase se esquecido deles quando o telefone tocou, no final de uma tarde de outono, quando ele trabalhava em sua garagem.

— Há um fígado para Benjamin em Pittsburgh — falou-lhe um emocionado Michael Stevermer. — Podemos chegar lá?

— Encontrarei vocês no aeroporto imediatamente.

Dallas desligou o telefone. Pittsburgh! Muito mais longe do que ele esperara, e ele não tinha os mapas necessários. Talvez o jato da companhia pudesse levá-los a tempo. No entanto, quando Dallas telefonou para seu programador de vôo, descobriu que o jato estava em uso e que o único avião disponível era um pequeno turbo-hélice. Esse avião não chegava nem perto da velocidade necessária e iria exigir uma parada para reabastecimento, consumindo ainda mais do valioso tempo.

Pior, a previsão do tempo parecia ameaçadora. Não somente ele estaria voando com fortes ventos de proa como também estavam previstas tempestades sobre Chicago e neve em Pittsburgh.

Todo o risco estava começando a se descortinar. Ele não podia dar início a uma viagem que sabia que não poderia terminar... Dallas pensou nos seus dois filhos pequenos. Como se sentiria se a vida *deles* dependesse de outras pessoas?

Não, ele não podia desistir antes de ao menos ter tentado. Franziu as sobrancelhas, imerso em pensamentos. Talvez ele pudesse *começar* com o turbo-hélice e transferir os Stevermer para um avião mais veloz em algum lugar ao longo da rota.

Dallas deu alguns telefonemas de casa tentando localizar um jato de aluguel, mas não teve sorte. Tentaria novamente no caminho. Dirigindo-se para o aeroporto, logo ergueu aos céus o Lifeguard 205 — com sua preciosa carga de três passageiros.

Os Stevermer estavam absortos demais na situação imediata para perceberem o quão preocupado Dallas estava.

— Na verdade o chamado de Pittsburgh chegara às três e meia da tarde, mas eu tinha perdido tempo tentando localizar Michael, que estava fora, no campo —

diz Sandi. — Os vizinhos se apressaram em me ajudar a fazer as malas e me levaram até o aeroporto, onde o encontrei. Não pudemos dar nada para Benjamin comer ou beber e ele estava irritado antes de adormecer no avião. Eu não encontrara a tripulação e estava tonta com tudo o que tinha acontecido, então não fazia idéia de que pudéssemos não chegar a Pittsburgh a tempo.

Exausta, Sandi rezou como tinha feito desde o início da provação do seu bebê: "Senhor, não posso forçar o Ben a muito mais. Se você vai levá-lo, faça-o. Eu o coloco inteiramente em Suas mãos." Depois, entrou em um sono muito necessário.

Na cabine do piloto, entretanto, as coisas não estavam tão calmas.

— Primeiro, o co-piloto e eu não conseguimos encontrar um jato de aluguel para uma transferência — recorda-se Dallas. — Depois, Mike mencionou que Pittsburgh informara que Benjamin precisaria estar no hospital em seis horas; caso contrário, o fígado iria para uma outra criança.

Seis horas! Dallas não sabia do tempo que Sandi tinha perdido tentando localizar Michael. Tudo parecia ainda mais impossível.

O pior de tudo eram os ventos de proa.

— Imagine-os como uma esteira rolante — explica Dallas. — Se você está andando a oito quilômetros por hora em uma esteira rolante que anda a oito quilômetros por hora, você realmente está cobrindo 16 quilômetros em uma hora. Mas se você anda na direção *contrária*, na verdade você permanece parado.

Este era o efeito produzido pelos ventos de proa. Embora o avião estivesse voando através do ar a 435 quilômetros por hora, os ventos de proa tinham diminuído seu progresso para 345 quilômetros.

— Eu tinha uma sensação de dor no estômago — diz Dallas —, porque sabia que precisaria dizer aos Stevermer que aquilo era inútil.

Eles haviam decolado um pouco depois das 5h da tarde (7h em Pittsburgh), e portanto tinham menos de cinco horas para completar uma viagem que, de acordo com seus cálculos, levaria no mínimo sete horas. Não havia nenhum modo de eles conseguirem fazer isso. Não sem um milagre. Dallas pôs o avião no piloto automático, recostou-se e fechou os olhos.

— Pai, precisamos de ajuda — rezou ele silenciosamente. — Essa criança precisa chegar no hospital a tempo.

Quase imediatamente, o avião começou a trepidar. Sem acreditarem, o piloto e o co-piloto olharam para o indicador de velocidade em relação ao solo. Tinha começado a subir. Elevou-se cada vez mais, dos 435 quilômetros para espantosos 620 quilômetros, antes de a trepidação parar. O silêncio foi quebrado pela voz do controlador de tráfego aéreo de Denver.

— Lifeguard 205, realmente você está ganhando muita velocidade. Está tudo bem?

— Ótimo! — respondeu Dallas ainda atônito com a virada súbita, e total, do vento. — Temos de 145 a 180 quilômetros por hora direto em nossa empenagem. E tudo está calmo.

Pilotos de aviões maiores também estavam notando o fenômeno.

— O que está acontecendo? — falavam pelo rádio uns com os outros. — As coisas estão loucas esta noite!

Dallas sabia que tais mudanças súbitas e fortes do vento ocorriam, mas eram extremamente raras. E a chance de ele estar no local perfeito no momento exato em que elas ocorriam era ainda mais rara.

Por que milagres acontecem

Porém, ainda havia obstáculos adiante, especialmente a frente fria esperada em Chicago. Quando o ar frio deslizasse para baixo do ar quente, resultaria em tempestades, e o pequeno avião perderia tempo precioso desviando-se delas. Agora, enquanto se aproximavam, podiam ver a frente fria, como uma cunha cinza parada no céu crivado de estrelas. Contudo, o radar deles não informava nenhuma tempestade em atividade.

— Pai — Dallas murmurou novamente —, Você está no comando e sabe do que precisamos.

A frente fria se aproximava cada vez mais... porém, inacreditavelmente, quando eles chegaram mais perto dela, tinha se tornado apenas uma névoa fina, sendo levada suavemente para dentro da escuridão. Nenhuma tempestade. Nenhum desvio longo foi necessário afinal.

O avião continuou sua plácida viagem. Só faltavam uns 320 quilômetros até Pittsburgh. A essa altura Dallas deveria ter parado para reabastecer. No entanto, o incomum vento na empenagem tinha empurrado o avião tão rápido que ainda havia bastante combustível. Eles iriam aterrissar no Aeroporto Municipal de Allegheny, que ficava mais próximo ao hospital, em vez de no congestionado aeroporto de Pittsburgh. Porém, por causa disso, novas preocupações vieram à tona.

— A torre de controle de Allegheny fechava à meia-noite — era o procedimento padrão — diz Dallas. — Portanto, não haveria ninguém no solo para nos dizer onde estacionarmos e encontrarmos a ambulância.

Encontrá-la poderia devorar momentos inestimáveis. E estaria nevando em Pittsburgh? Se a visibilidade estivesse limitada, ele precisaria fazer uma aproximação do aeroporto usando instrumentos, o que consumiria tempo, ou até mesmo mudar de aeroporto.

Porém, mais uma vez, todas as decisões pareciam ter sido tomadas para eles. O rádio de Dallas passou a transmitir um relatório atualizado sobre o tempo. Em Pittsburgh estava claro, sem restrições. Afinal, não tinha havido neve alguma.

— Oh, e a propósito, Lifeguard 205 — acrescentou casualmente o controlador —, a torre permanece aberta até vocês chegarem. E a ambulância está esperando perto do seu destino.

Finalmente, o pequeno avião manobrou na pista até parar. Seus passageiros saíram aos tropeços e correram em direção às luzes vermelhas da ambulância, que estavam piscando.

— Adeus e obrigada! — Sandi se virou e acenou para Dallas.

Tinham conseguido.

— Boa sorte, — falou Dallas. — Estaremos rezando por vocês.

O pequeno Ben Stevermer recebeu um novo fígado em Pittsburgh, e na época do Natal estava em casa e saudável. Quando estava com dois anos e meio, a família tinha se mudado para Midwest. Ben recebeu uma inesperada carta de Dallas Chopping.

— Achei que deveria esperar até que você estivesse completamente recuperado para deixá-lo a par do quão especial foi o vôo em que você esteve... — começava a carta.

Só então Sandi e Michael compreenderam exatamente o que tinha acontecido. E quando Benjamin crescer, eles planejam lhe contar mais a respeito da noite em que o Pai Celestial, alguns cirurgiões de Pittsburgh e um piloto cheio de fé lhe proporcionaram um milagre. Eles irão explicar que o avião era pequeno demais, o tempo estava muito ruim, o combustível era limitado demais... e, mesmo assim, de algum modo, uma viagem de sete horas durou apenas quatro horas e meia.

Porque nada é impossível com Deus.

Epílogo

O que você precisa saber sobre o passado é que, não importa o que tenha acontecido, tudo tem trabalhado em conjunto para trazê-lo a este exato momento. E este é o momento no qual você pode escolher tornar tudo novo. Imediatamente.

— MONICA, EM *TOUCHED BY AN ANGEL*

Às vezes é difícil escutar a voz de Deus. Por que Ele falaria conosco? Nós perguntamos. Ele não despenderia melhor Seu tempo com os sábios, os santos e os merecedores? E contudo Deus ama todos os Seus filhos. Ele tem um plano para cada um de nós, e Ele deseja ser a parte mais especial desse plano. "Pois conheço bem os planos que tenho em mente para vocês, diz o SENHOR, planos para o seu bem-estar, não para o seu infortúnio! Planos para lhes proporcionar um futuro cheio de esperança" (Jeremias 29:11).

O que Deus está sussurrando para você? Talvez esteja dizendo: "Aproxime-se. Abra a porta do seu coração para Mim. Tente viver do Meu modo, só hoje."

Evidentemente, isso pode ser arriscado. É difícil modificar velhas atitudes, aprender a perdoar, honrar um compromisso, trabalhar por justiça, levar compaixão e misericórdia às outras pessoas e dizer "Não" ao que parece ser a maneira fácil, porque sabemos que não é a maneira Dele... *Desistência, submissão, serviço* — estas não são palavras do mundo. E, contudo, não são elas a maneira pela qual *modificamos* o mundo, um pequeno passo de cada vez, começando conosco mesmos? Não são elas a maneira como nos tornamos Sua voz, Suas mãos, Seu coração?

E, estranhamente, quando deixamos que Ele conduza, alguma coisa acontece. Começamos a ver pequenos sinais ao nosso redor, delicadas coincidências, boas decisões aumentando como ondulações em um lago, semente crescendo em abundância. Nem sempre no nosso tempo previsto, nem sempre das maneiras que esperávamos, mas *ali*.

É nesse momento que somos invadidos pelo assombro diante do prodígio de tudo isso, das portas que estão se abrindo à nossa batida, das maravilhas que buscaremos e encontraremos porque decidimos, finalmente, dizer "Sim!".

É nesse momento que vislumbramos o céu e entendemos sua verdade permanente de que, neste mundo de mudança e escuridão, não temos nada a temer. Ele tem estado ali o tempo todo. E Sua luz é eterna. Seu amor prevalece.

Notas

1. Roberts Liardon, *I Saw Heaven* (Tulsa, OK: Harrison House, 1983), p. 17.
2. Rex Hauck, editor, *Angels, The Mysterious Messengers* (Nova York: Ballantine Books, 1994), p. 97.
3. *In the Company of Angels*, vídeo (Harrison, NY: Ignatius Press, 1995).
4. Esta história foi documentada pela primeira vez por Arvin S. Gibson para inclusão no seu livro *Glimpses of Eternity* (Bountiful, UT: Horizon Publishers, 1992). Segundo ele, hoje Ann é uma adulta e prefere permanecer anônima. Sua leucemia nunca reapareceu.
5. Lew Baker é o fundador das Open Hands Prison Ministries, um serviço para alcoólatras reclusos em prisões. Para mais informações, contate-o em P.O. Box 201, Pine Valley, NY 14872.
6. Pythia Peay, "Heaven Sent", *The Washingtonian*, dezembro de 1993, p. 90.
7. Aqueles que desejam programar um evento ou uma missão paroquial de um dia inteiro ou de uma noite podem entrar em contato com Deacon Bruce no telefone (800) 375-4561 ou escrever para os Simpson em P.O. Box 149521, Orlando, FL 32814-9521.
8. Gostaria de agradecer a Terry (Teresita) Joaquin Buchholtz, Patricia Joaquin-Burkhalter e à filha de Patricia, Kathleen Burkhalter Bell, por sua ajuda em contar novamente essa história. Kathleen Bell, editora do *Cheerful Cherub*, uma revista para famílias católicas, lançou recentemente o Firefly Press, "assim denominado para que o maravilhoso milagre

da nossa família nunca seja esquecido". Para mais informações sobre as publicações de Kathleen, contate-a em P.O. Box 262302, San Diego, CA 92196.

9. As palestras de Mickey Robinson ajudam as pessoas a alcançarem seu potencial pessoal e a descobrirem seus próprios dons e talentos. Para informações sobre as palestras ou sobre seu próximo livro, *Falling to Heaven*, contate-o na Sea-gate Publications and Events, 5409 Wayneland Dr., Jackson, MS 39211.

Bibliografia e Fontes

NÃO FICÇÃO

Callanan, Maggie, e Patricia Kelley. *Final Gifts: Understanding the Special Awareness, Needs, and Communications of the Dying.* Nova York: Poseidon Press, 1992.

Brown, Michael. *The Trumpet of Gabriel.* Milford, OH: Faith Publishing Company, 1994.

——. *The Final Hour.* Milford, OH: Faith Publishing Company, 1992.

Dossey, Larry. *Healing Words: The Power of Prayer and the Practice of Medicine.* São Francisco. HarperSanFrancisco, 1993.

Finley, Mitch. *Whispers of Love: Encounters with Deceased Loved Ones.* Nova York: Crossroad Publishing, 1995.

Fullman, Lynn Grisard. *Alabama Miracles.* Birmingham, AL: Seacoast Publishing, Inc. 1994.

Groeschel, Benedict. *A Still Small Voice: A Practical Guide on Reported Revelations.* São Francisco: Ignatius Press, 1993.

Kreeft, Peter. *Angels and Demons.* São Francisco: Ignatius Press, 1995.

Lewis, C.S. *Miracles.* Nova York: Macmillan, 1947.

Morse, Melvin, M.D. e Paul Perry. *Parting Visions.* Nova York: Villard Books, 1994.

Sanford, John A. *Dreams, God's Forgotten Language.* Filadélfia e Nova York: J. B. Lippincott Company, 1968.

Schlink, M. Basilea. *Nature Out of Control?* Harpenden, Herts, Inglaterra: Kanaan Publications, 1994.
Sellier, Charles. *Miracles and Other Wonders*. Nova York: Dell Publishing, 1994.
Spangler, Ann. *An Angel a Day*. Grand Rapids, MI: Zondervan Publishing House, 1994.
Tyler, Kelsey. *It Must Have Been a Miracle*. Nova York: Berkley Publishing Group, 1995.

FICÇÃO
Pochocki, Ethel. *The Wind Harp and Other Angel Tales*. Cincinnati, OH: St. Anthony Messenger Press, 1995.

VÍDEOS
In the Company of Angels, vídeo com duração de uma hora, Ignatius Press, 33 Oakland Ave., Harrison, NY; (914) 835-4216.
Angel Stories, Cascom International, 806 Fourth Ave. S., Nashville, TN
Stories of Miracles, Cascom International.

PUBLICAÇÕES
Angels Magazine, GCR Publishing Group, Inc., 1700 Broadway, Nova York, NY 10019; periodicidade trimestral.
Angels on Earth Magazine, Guideposts, P.O. Box 856, Carmel, NY 10512; periodicidade bimestral.

ORGANIZAÇÕES
Angel Collectors Club of America, 16342 W. Fifty-fourth Ave., Golden, CO 80403.
AngelWatch (folhetim bimestral com informações sobre anjos), P.O. Box 1362, Mountainside, NJ 07092.(908) 232-5240
International Association of Near Death Studies, P.O. Box 502, East Windsor Hill, CT 06028. (860)528-5144.

Contatos com a Autora

Estou sempre interessada em escutar pessoas que tenham histórias de anjos, curas, orações atendidas, milagres e outros prodígios celestiais para compartilhar. Por favor, escrevam-me para P.O. Box 127, Prospect Heights, IL 60070 — EUA. Irei entrar em contato com vocês se encontrar um lugar para sua história em minhas futuras obras.

— J.W.A.

Joan Wester Anderson é a autora *best-seller* de *Por onde caminham os anjos*, *Onde os milagres acontecem* e *Um anjo zela por mim*. Sua obra, totalizando 11 livros e mais de mil artigos e histórias, também tem sido publicada em jornais e em revistas, como *Reader's Digest*, *Modern Bride* e *Woman's Day*. A autora tem aparecido no "Oprah", no "Good Morning America", no "NBC Nightly News" e em muitos outros programas nacionais e locais. Ela e o marido moram em um subúrbio de Chicago. Eles têm cinco filhos adultos e um neto.

Este livro foi composto na tipologia
Venetian, em corpo 12/15, impresso em
papel Offset 75g/m² no Sistema Cameron
da Divisão Gráfica da Distribuidora Record.

Seja um Leitor Preferencial Record
e receba informações sobre nossos lançamentos.
Escreva para
RP Record
Caixa Postal 23.052
Rio de Janeiro, RJ – CEP 20922-970
dando seu nome e endereço
e tenha acesso a nossas ofertas especiais.

Válido somente no Brasil.

Ou visite a nossa *home page*:
http://www.record.com.br